图说道教

IMAGE

INTERPRETATION

（彩图版）

青少年普及读物

丰富的知识宝藏
美妙的阅读之旅

翟文明 著

TU SHUO DAOJIAO

图说道教

·通过文字、图片、版式设计多种视觉要素的有机结合

·立体展现有趣的文化和历史

·文化的力量和图片的色彩一起流淌

·用“图说”理念带您走进魅力无穷的中国文化

華文出版社
SINO-CULTURE PRESS

图书在版编目（CIP）数据

图说道教 / 翟文明著 .—北京：华文出版社，2009.3（2020.4 重印）

ISBN 978-7-5075-2598-4

Ⅰ . 图… Ⅱ . 翟… Ⅲ . ①传统文化—中国—图解②道教—图解 Ⅳ .G12-64 B95-64

中国版本图书馆 CIP 数据核字（2009）第 029675 号

图说道教

著　　者：翟文明
责任编辑：杜海泓
封面设计：君阅书装
文字编辑：于海娣
美术编辑：王静波
图片提供：www.ICpress.cn & www.quanjing.com
出版发行：华文出版社
地　　址：北京市西城区广外大街 305 号 8 区 2 号楼
邮政编码：100055
电　　话：总编室 010-58336239　　发行部 010-58336267　58336230
责任编辑 010-58336210
经　　销：新华书店
印　　刷：永清县晔盛亚胶印有限公司
开　　本：720mm × 1010mm　1/16
印　　张：12
字　　数：148 千字
版　　次：2009 年 3 月第 1 版
印　　次：2020 年 4 月第 4 次印刷
标准书号：ISBN 978-7-5075-2598-4
定　　价：32.90 元

前言

PREFACE

中国文化源远流长，博大精深。作为炎黄子孙，学习和继承中华民族的文化遗产的是每个中国人义不容辞的责任。然而面对中国文化庞杂的知识体系，大多数的人都明显会感到力不从心，很难在短时间内掌握其底蕴及脉络。

如何才能在较短的时间内获得较多的信息，从而有效地掌握中国文化知识呢？为了帮助读者提高人文素养，增强对传统文化的认知，快速了解中国文化的精髓，编者对浩如烟海的中国传统文化材料进行了适当的取舍，选取了具有中国文化代表性的主题，推出了这套"图说中国文化"系列丛书。整套丛书包括茶、道教、佛教、中医、养生、饮食、文学、音乐、戏剧、舞蹈等分册，以图释文、深入浅出地介绍中国文化的各个侧面，力求将中国文化的精神及内涵立体地呈现出来，为读者提供一个深入了解中国文化的平台。

道教是中国唯一的土生土长的宗教，距今已有1800余年的历史，其教义与中华本土文化紧密相连，具有鲜明的中国特色，不仅对中国文化的各个层面——政治制度、学术思想、宗教信仰、文学艺术、医学科技等产生了深远影响，同时也影响着人们生活的方方面面。任何一个研习中国文化的人，都无法回避道教的影响。

本书以全新的“图说”方式，结合编写体例、图片和艺术设计等多种要素，对道教文化进行了细致入微的全方位展示。内容涉及道教的教派、教义、典籍、神仙、修真养生、炼丹术、法术、名山宫观和对后世的影响等方方面面。从鬼神崇拜到神仙方术，从黄老学说的历史到设坛拈香的法事，从炼丹问药到现代养生，本书不仅讲述道教的发展历史、教义思想，还介绍了道士的日常生活、法事活动，集知识性与趣味性于一体，不仅能让读者对道教有全面系统的认识，更能从中体味到中国文化的博大精深。

全新的视角、精练简洁的文字、科学的体例和创新的版式设计等多种元素有机结合，引领读者从一个崭新的层面去领略中国文化的精髓，从而对中国文化有更深入、更透彻、更全面的认识。

目 录

CONTENTS

土生土长、多元复合

——道教起源

事　　件：道教起源
源起时间：原始社会
渊　　源：鬼神崇拜、神仙信仰、黄老学说
理论基础：养生学、阴阳五行说

在漫长的中国古代社会中，佛教、道教、儒教、伊斯兰教、景教等多种宗教，都曾留下自己的足迹，然而只有道教是中国真正土生土长的宗教。

道教文化的渊源十分复杂，主要来自于原始的鬼神崇拜、神仙信仰、黄老道以及古代的养生学和阴阳五行学说等。

鬼神崇拜

在原始社会，由于生产力不发达，人们很难改变自然。原始人只能匍匐在自然脚下，对于不能解释的自然现象，如日月星辰、风雨雷电、山川河流，就都看做是神，由此产生敬畏心理，对其顶礼膜拜。久而久之人们不仅认为自然万物有灵，而且以为人死后灵魂可以继续存在，于是又产生了对鬼神的崇拜。各种丧葬礼仪和祭鬼、驱鬼的仪式随之形成。

殷商时期，出现了专门从事沟通鬼神和人类，以巫术为职业的人，即巫师。这些人以歌舞降神，并且编了一套符咒驱鬼的巫术；在宗教祭祀活动中还负责迎神祈祷。他们替人治病、卜筮吉凶、画符念咒等。巫师的地位很高，当时国家和社会的重大政策制定前都要先问询他们然后才能做出决定。

鬼神崇拜进一步发展，继而发展成完整的系统，包括天神、人鬼、地祇。崇拜祖宗神灵和祭祀天地并列，被称做“敬天尊祖”。中国原始的自然崇拜，不是崇拜单一的神（如西方的上帝），而是多神的崇拜。

后世道教成为多神教，就与古代的多神崇拜有很大的关系；而后世道教所谓的“做法事”，也是部分继承了古人鬼神祭祀礼仪和礼制。

神仙方术

道教的源泉之一是神仙方术，可以追溯到中国远古原始社会时期。

远古原始社会时期，已有人开始学仙。有史料记载，黄帝轩辕氏一边和敌

关键词　鬼神崇拜　神仙方术　黄老学说

天尽头

位于胶东半岛东端。秦始皇梦想长生不老，曾派出很多人出海寻找长生不老的仙丹。据说他巡游至此见海中巨石突立，遂令修桥至东海仙岛，求长生不老药。

人作战，一边学习修道成仙，后来修道成功，乘着龙升天做了神仙。

到了战国时期，神仙信仰已经相当广泛。出现了许多关于神仙传说的著作，记载了不少关于仙人、仙境、仙药等传说的故事。而这时的修道成仙逐渐转向实践行为，于是寻求仙境、仙人，散发成仙之方的方士便出现了。他们将神仙学说、方术与阴阳五行学说糅合到一起形成了方仙道，当时主要流行于上层社会，满足人们依托鬼神，企望长生成仙的愿望。战国中后期到汉武帝时，在方士、神仙家们鼓动下，帝王将相们蠢蠢欲动，上演了中国历史上一系列入海求长生不老药的闹剧。

历史上齐威王、齐宣王和燕昭王、秦始皇、汉武帝等，都曾经派方士到东方海上“三神山”寻求神仙及仙药。其中徐福取药的故事流传甚广，后世甚至有徐福与所带三千童男女成为日本人祖先的说法。

中国这些独有的神仙信仰沿历史长河顺流而下，到东汉中、晚期为道教所吸纳，成为道教信仰的重要内容。这一时期的道教也被称为方仙道。

黄老之学

方仙道在两汉期间逐渐向黄老道过渡，它是道教历史上的一个重要阶段，“黄”就是黄帝，“老”就是老子。黄老道的主要理论基础就是黄老之学。

黄老之学大约产生于战国中期。西汉初年，由于经历长期战乱，民不聊生，当时的统治者吸取秦亡的教训推行无为而治，即减轻税赋让百姓休养生息，尽量不影响他们的生产和生活，令其自由发展，结果使西汉的国力逐渐强盛起来，史称“文景之治”。这种无为而治、与民休息的思想源于黄老思想。随着治世的出现，黄老思想受到推崇。汉武帝登基后崇信神仙，方士们便趁势以黄帝、老子附和神仙学说，二人也被奉为神仙。自此神仙学说开始与黄老学相结合，原来单一的方仙道便向黄老道演变。

到东汉桓帝的时候，神仙学和黄老学进一步结合，正式形成了黄老道。老子也被尊为最高神灵。黄老道所尊崇的黄帝、老子，后来成为道教所信仰的至尊之神。黄老学说成为后世道教的正统理论基础。

古代养生学和阴阳五行说

道教除了思想信仰之外，很重要的一环就是修炼以成仙。而成仙首先要长生不老，因此要有一套养生健身之法。古代医药学有好多养生学方面的内容，正好为那些道教的修炼家拿来所用。如道教修炼常讲的“行气之术，导引之

知识点击

神仙家与道教、道教与道家的区别

寻求仙境、仙人以及成仙之术的人称为方术之士，方术之士古已有之，传说中的彭祖、素女等就属于方士之流。据《史记》记载，周灵王时有方士苌弘，以方术奉事周灵王。这是有确切记载的最早的方士。战国末，燕齐沿海一带的神仙方士活动十分频繁，后成为方仙道。秦始皇时，正式派遣方士徐福去东海上寻求长生不老药。汉武帝宠幸方士如公孙卿、李少君等，他们为统治者或主持祭祀和祈禳，或炼制丹药、黄金，或寻求不死之药。以后神仙方术为道教所利用，神仙方士也逐渐被称为道士。

道教是以长生不老之道为最高信仰的中国土生土长的宗教，它以神仙不死之道教化信仰者，劝人通过养生修炼和品德修养的提高而最终得道成仙，解脱肉体，求得永恒。而道家是中国古代哲学的一个流派，其核心理念是“道” 。就这一点而言道教与道家根本上是不同的。但道教还是继承和发展了道家的一些东西，如道家创始人老子被道教奉为太上老君，道家典籍《道德经》和《庄子》成为道教的“真经”。

道家的大致发展脉络为：先秦老庄道家、秦汉黄老道家、魏晋玄学道家。魏晋以后，道教实际上取代了道家。后世所说的道家，除了确指先秦和汉魏晋道家以外，多半指的是道教 。

中国古代推测解释人和国家的吉凶祸福以及气数命运的医卜星相、遁甲和神仙之术等统称方术。

八卦五行相生相克图

五行之说始自尚书，阴阳之说始自周易而皆大行于春秋战国的阴阳家。此图所绘即是五行八卦相生相克的功法图。图中一道人端坐于毛皮之上，四周云气缭绕，人形周围为八卦象。

太上老君图

老子被尊为道教之祖，图中他头部有一轮黄色圆光，身着黄色云纹衣，腰束紫色长带，外罩绿色云纹大袍，两手合握于胸前，趺坐在一块铺着毛皮的岩石上。

功”在早期的养生学中就已提到。

《黄帝内经》和《神农本草经》对道教修炼理论与实践的影响更是决定性的。《黄帝内经》中的一些论及饮食起居、调摄精神的篇章，是道教修炼的重要指导文献。《神农本草经》对后世道教炼养家的影响颇深，南朝齐梁时的著名道教人物陶弘景就曾专门研究过。

古代养生学丰富和奠定了道教的养生、修炼部分的理论基础，是道教的源泉之一。

另外，阴阳五行思想对道教的形成影响巨大。战国末期，阴阳学说和五行学说逐渐结合成为一体。方士邹衍又据此提出了“五德终始”理论，这种理论后来成为方仙道历史观、宇宙构成论以及依附于鬼神之事的基础。而方仙道是道教的前身，因此就其思想根源说，道教与阴阳五行说有着千丝万缕的联系。到了汉代，方仙道家们索性将阴阳五行学说加进道教的教义。

总之，道教的渊源宏观上主要就是原始的鬼神崇拜、神仙方术和黄老之学结合、发展的产物，具体修炼方面则大量吸收养生学和阴阳五行说的思想和方法。经过发展逐步完善自成系统。

徐福东渡的传说

公元前219年，秦始皇巡游到了山东琅琊，当地人徐福与其他一些术士联名上书秦始皇说，在大海里有三神山，只要能派一批童男童女和他一起去那里就可以求回长生不老药。秦始皇听了他的话，非常高兴和向往，于是派了几千童男童女乘船和徐福一起去寻找仙山。然而经过几年，徐福和他的手下花光了秦始皇赐给他们的财富，却没有得到所谓可以使人长生不老的神药。于是，当秦始皇又一次来到琅琊时，徐福非常害怕，就编造了一个谎言，说因为蓬莱岛海中有大鲛鱼，使他们受到了阻难。徐福又请求秦始皇派射手跟他们再一次出海，秦始皇答应了他的请求。这一次，秦始皇派徐福带领童男女3000人，并装载着五谷的种子一起下海。徐福当然求不回仙药，所以他再也没有回来。

云散家家月，花开处处春

——枝繁叶茂的道教派别

事　　件：道教派别的产生及流变
代表人物：张角、张道陵、魏夫人、陶弘景、全真七子
主要道派：符箓派、金丹派、天师道、上清派、灵宝派、楼观派、茅山宗、全真道

由于道教思想渊源的复杂性，以及各个历史时期的统治者、起义志士、普通百姓等出于不同的目的对其加以利用，于是道教分裂出众多的组织派别，广泛深入到社会的各个角落。

汉末道教组织重要派别

(一)符箓派

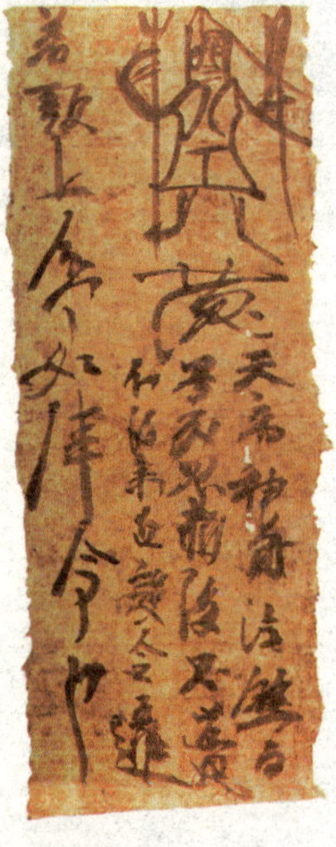

道教符箓　南北朝

此类符箓为道教祈禳平安的用品之一，常常以“急急如律令也”收尾。

符箓派是早期道教组织中占重要地位的一派，包括汉末有影响的道教教派太平道、五斗米道。符箓派，顾名思义，以符箓作为传教布道的主要形式，“符”指相合，曾经作为古代帝王下达命令和调兵遣将的一种凭据，拥有了“符”就代表着拥有了权力。道教中人认为，天神有符，道士们得到了神的授权，就拥有了驱使鬼神的权力。他们的“符”是用朱笔或者墨笔画成的一种有字有图、有点有线的神秘图案。“符”可以驱使鬼神，治病避灾。而“箓”呢，是通神的一种符号。符箓派的书写方式以及基本的功用大体上是一致的。因此，后来道教的门徒把二者合而为一，统称为“符箓”。

符箓派在当时重要的代表是太平道和五斗米道。

太平道，以信奉《太平经》而得名。汉末政治动荡，社会不安定，人们对不平等的现实不满。巨鹿人张角，以符水咒语治病为手段，以《太平经》其中宣传平等的教义来发动群众，组织了一场轰轰烈烈的农民起义——黄巾起义。当时

关键词　符箓派　金丹派　天师道　全真道

"符箓"成为太平道发动群众、取得人民信任的一种有效方式。

五斗米道，创始人为张道陵。五斗米道的做法，有人说，最初也是以符箓作为手段来给人治病。不同的是，接受治疗的人以五斗米作为报酬。五斗米道，在组织上实施了"政教合一"的方针，成立了"二十四治"，后来又扩大为"四十四治"，治相当于教区。在教区里，首领领导教众，进行户籍管理、征纳财物，如同政府的功能。五斗米道的首领被教众尊为"天师"，他们所传的道，被称为"正一盟威之道"，后来又发展为"天师道"和"正一道"。

（二）金丹派

道教这一时期的另一重要派别为金丹派。他们以金丹作为修道传教的主要方式，以炼制金丹的经典如《周易参同契》，作为理论基础。金丹之学其实来自于中国古代历史悠久的巫医传统，中国很早就有人相信并企图炼制出真正的"长生不老药"。

据葛洪《抱朴子·内篇》记载，金丹派最早和魏伯阳有关，传至左慈、葛玄、郑隐、葛洪，金丹术逐渐被发扬光大。

"苍天乃死"字砖 东汉

魏晋南北朝道教组织派别

魏晋时期，道教开始分化。道教开始向上层发展，逐渐

知识点击

太平道和黄巾起义

太平道的创建者张角，是河北巨鹿人，他曾经仔细研读过《太平经》。张角有两个弟弟，即张宝和张梁。另外张角手下还有8名弟子，在组建太平教的过程中，这些人发挥了重大作用。张角自称是"大贤良师"，先后派自己的8名弟子到各地宣传教义，准备太平教起义。经过十余年的活动，信奉太平道的教徒总数达到几十万人，传播的范围也很广，声势十分浩大。太平道起义的口号是："苍天乃死，黄天当立。岁在甲子，天下大吉。"张角自称"黄天"，其部卒有36万，皆着黄巾，同日反叛。史称"黄巾起义"。尽管黄巾起义最终没能成功，但瓦解了东汉的统治，使之名存实亡。

张道陵画像

张道陵（34～156），字辅汉，据说，他是西汉开国元勋张良的第八世孙。他是一个充满传奇经历和神奇色彩的道教领袖，一生致力于创设中国道教，并得道成仙，据说123岁仙化而去。被后人尊为“祖天师”和道教教主。

和统治者的政策靠拢，同时在社会下层传播也很广泛。这一历史时期国家长期处在分裂割据的状态下，社会动荡不安，各种力量分化组合，道教也反映出时代的特性，形成了许多教派。

（一）天师道

魏晋时期，“五斗米道”易名为“天师道”，并被官方承认。该教派积极和统治阶级上层加强交往，吸引了大批士族人物加入；同时在下层社会，努力扩大传播范围，完善了科仪戒规。其中北魏的寇谦之和南朝刘宋的陆修静在天师道内部进行了大刀阔斧的改革：寇谦之在教义里吸收了儒家的伦理纲常和佛教的一些戒律，被称为“北天师道”，陆修静则在南方奉行另一通教义，人称“南天师道”。

（二）上清派

上清派是新兴的道派。上清指的是神仙住的一种境界，其典故来源于《上清经》，以南岳魏夫人为第一代尊师。魏夫人，晋朝司徒魏舒之女，天文地理无所不晓，潜心修道多年。后来传至杨羲，上清派逐渐壮大。上清派与天师道有千丝万缕的联系，同时又有别于天师道。他们的修炼方术继承了天师道的符咒秘术，但重视自身神和气的修炼。另外上清派除了尊奉太上老君，还根据自己对神仙的理解，专门整理出一份神仙谱系。

（三）灵宝派

这一时期，江南出现新的道派——灵宝派。它得名于《灵宝经》，表示精、气、神以及文诰等含义。灵宝派到东晋中叶，由葛洪的重孙葛巢甫造做大批经书，广收门徒，逐渐扩大了影响。灵宝派的灵宝经系列广为传抄普及了本门的教义，它吸收了很多佛经的内容，包括

道家认为，天下万物都有一个道存在，因此天下万物都有一个尺度，超过这个尺度就会导致反面的结果。

因果报应、转世轮回说等，修炼方法上，仍以符箓咒术为主。灵宝派的特色在于，该派注重科仪典礼，许多斋戒的方式一直被继承、流传。

（四）楼观派

楼观派，尊奉的经典是《道德经》，魏晋南北朝时期在中国西北地区兴起，因为以楼观为传道根据地，所以得名。楼观派的开创人是周代函谷关令尹喜。因为尹喜在这里修道，盖了一座草楼，来观星望气，所以称为楼观。传说老子西行经过楼观时，在此为尹喜传授了《道德经》，成为了楼观派的开创者。楼观道传的主要是老子之道，他们用老子之道解说炼形之术和长生之说，来阐发道教的教理教义。楼观道的内容涉及到道教的宇宙观、人生观以及政治思想等方面，又吸收了玄学的贵“无”思想，融合和吸收了佛教的思想内容，如“三业”、“六根”等。楼观道使魏晋道教在教义方面得到了完善和发展。

隋唐时期道教派别

隋唐时期有影响的道教派别主要是茅山宗。茅山宗宗承上清派，是上清派以茅山为发展中心的别称。它是道教在隋唐时期发展的主流，实际开创者是陶弘景。南齐时，陶弘景归隐茅山，继承杨羲、许谧所传的《上清经》，编纂了专门记述上清派早期教义、方术及历史的《真诰》以及《登真隐诀》、《真灵位业图》等二百余卷道经。他和弟子几十年如一日的弘扬使茅山成为了道教上清派的中心，后来上清派干脆改名为“茅山宗”。陶弘景之后，茅山宗出了很多人才，影响慢慢扩大，唐代及以后盛行。唐代茅山道士王远知、潘师正、司马承祯、李含光等，极得唐宗室的尊崇。他们经常被请到京城，和皇亲国戚一起论道，出入宫廷，备受礼遇。当时的朝廷常

楼观台 唐

楼观台位于今陕西周至县东南。传说老子在这里著《道德经》，并筑高台讲解传授。隋文帝和唐高祖时修缮整理楼观，到唐玄宗时对道家文化更加推扬，楼观台也成为道教圣地。

道教认为得“道”之人，或做事符合“道”的，称之有“德”。

为茅山宗建观、赐田产，赠茅山长生之林，禁止樵夫采伐、农民渔猎，据说唐代社会上所有最显要的道士基本上都是来自于茅山。

宋元时期道教组织派别

（一）全真道

全真道，又称为全真教或全真派，金初创立，是北方新道派的代表。创始人王重阳所居的庵题名为全真堂，所有入道的人都得称为全真道士，所以名为全真教。全真道以《道德经》、《般若波罗蜜多心经》、《孝经》为经典，教育人们要孝顺、正心诚意、减少欲望。他们主张修道者必须出家，舍己为人，戒律森严。王重阳死后，他的弟子马钰等七人分别在陕西河南河北山东等地继续传道，号称“全真七子”，在当时很有影响。元太祖时，丘处机谒见元太祖，被派为掌管道教，在各地大建宫观，全真道从此进入全盛时期。

王重阳创全真教

王重阳是陕西咸阳人，47岁时厌倦了名利，辞去官职，离弃了妻儿，离家云游访道。一次，他看到从南面飘然而至的两位道士，神态和模样像神仙，就迎上前去，将他们请进来。受到点拨后，王重阳拜两位道长为师。道士便传授给他修仙真诀，正式赐他道号重阳子。一年后，王重阳又遇上个道士，一起在月光下露宿。两人谈得很投机，过了些日子，王重阳碰到他，就邀请他一起喝酒。据传这道士就是吕洞宾，他让王重阳仔细阅读几篇秘诀。读了几遍，王重阳开始慢慢理解其中玄妙的道理。

王重阳遇道士得道经后，回到老家，搭起茅庵，自题名为“活死人墓”，在上面立一张纸牌，上书“王害风灵位”。在活死人墓中，他努力参悟，最后，得出全真教义，创建全真教。

（二）内丹派南宗

两宋金元时期，道教的内丹派空前兴旺，内丹派南宗是以炼内丹为宗旨，流行于南方的一个派别。所谓南宗，严格意义上讲只是内丹的一个学派，以张伯端的《悟真篇》为理论基础，主张大隐俗世，不提倡出家，与全真道不同。南宗在修炼上可分为重内丹传统与重禅道融合两大类，重内丹一类又分清修、双修二派，重禅道融合一类以糅合释道二家。元朝以后，宗派力量比较小，和全真道合而为一。

南方道派，还有江南符箓派、净明道等。

宋元以后，道教的主要组织派别几乎没有太大的变动，有的道派兴旺了，有的道派没落了，新兴的派别基本上没有。

南五祖指紫清真人白玉蟾、翠虚真人陈泥丸、紫贤真人薛道光、翠玄真人石杏林、紫阳真人张伯端。

孙不二（1119～1182）原名孙富春，是全真七子中唯一的女性，全真教清静派的创立者。

丘处机(1148～1227)，字通密，道号“长春子”，是全真七子中最有作为的一位。

郝大通(1149～1212)，字太古，据说他曾梦见神人传授《周易秘义》，从此通晓阴阳之术，为人占卜算卦，十分灵验。

马钰（1123～1181）是王重阳的大弟子，山东宁海人，系汉代伏波将军马援之后，遇仙派的创始人。

谭处端(1123～1185)，字通正，道号“长真子”，山东宁海人，全真道南无派创始人。

刘处玄（1147～1203），山东莱州武官人，字通妙，道号“长生子”，全真道随山派开创者。

王处一(1142～1217)，山东海宁东牟人，道号“玉阳子”，全真道嵛山派的创立者。

全真七子图

全真派道士均须出家住庙，不得娶妻、吃荤；正一派道士可在家，亦可娶妻，非斋醮期间可以吃荤。

三洞四辅十二类

——别具一格的道经

事　　件：道经的产生及发展
主要经典：《正统道藏》、《万历续道藏》
主要人物：张君房、葛洪、陆修静、孟智周

道教之所以成为中国主流宗教之一，就是因为它在传播和普及的过程中有着雄厚的理论基础——别具一格的经典文献，即道经。

道教在长期的历史发展进程中，最初只有《老子》、《庄子》、《列子》、《亢仓子》等基础理论，后来，道教门徒自己在修道、悟道中也创作了大量的经典文献，其中有一部分假托神仙所授，有

《道藏》明正统至万历刻本

《道藏》的内容十分庞杂，篇卷数量很大，既有大批道教的经典、丹经、符箓、戒律、神仙人物传记以及宫观山志等等，又有儒家和诸子百家著作上百种，还收入不少有关中国古代科学技术的著作，如医药学著作和天文历法著作等。

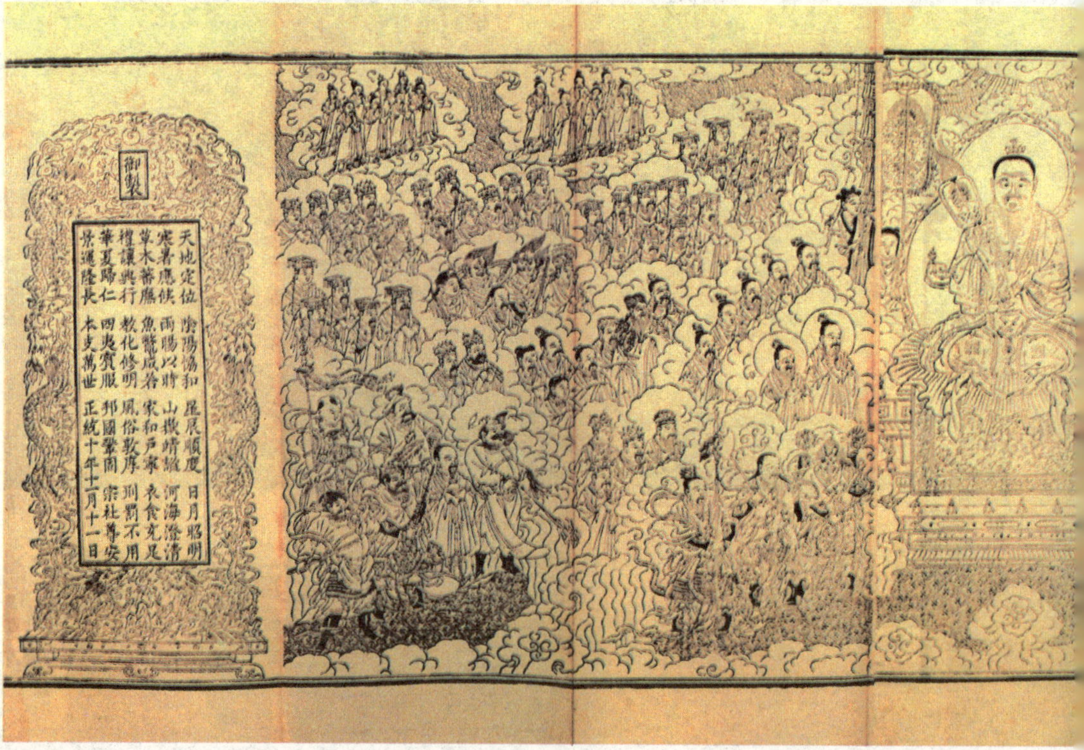

关键词 道经　三洞四辅十二类

一部分是道教自身方术、戒律、科仪、教义的总结。道教中人对这些典籍十分爱惜，几乎每一朝代，都有人搜集、整理、结集出版。

今天，我们可以借以了解道经全貌大概的，主要有《正统道藏》和《万历续道藏》。除此之外，明万历后也有一些经典的道教经籍。

道经的流传

道教的经籍是怎样出现的，又是怎样流传的呢？关于这些问题普遍存在两种说法。一是气化流行说，二是归于天神名下。

宋代张君房《云笈七签》卷七《道教所起》中是这样解释的，道经是道教所谓神秘遥远的空间“三元”中，自然奥秘之气凝结而成的“经诰”；具有金木水火土的特性，并且四散发出夺目的光芒。“经诰”的书写材料，不是黄金就是白银。由仙人写好了以后，秘密收藏在天上的“七宝玄台”之上，一般的人是没有机会看见的，必须通过一定的机缘，由仙者传授给某人。如《灵宝经》是由“天真皇人”传给有缘法的黄帝和帝喾，治水有功的大禹非常的诚恳，也

《太平经》又名《太平清领书》，道教早期经典。

知识点击

宋徽宗修《道藏》

宋徽宗是历史上有名的“道君皇帝”，他对道教的推崇在宋代历史上达到顶峰。徽宗实行兴道抑佛的政策，并企图改造佛教将其纳入道教。出于对道教的尊崇，徽宗对道经的搜集编纂很重视。他曾经诏令天下搜访道家的遗书，在崇宁、大观年间再次校订《道藏》经典，使之增至5387卷。这部《道藏》又被称为《大藏》。后来，宋徽宗又先后两次下诏搜访道经。并且设立了专门的经局，招募了一批道士来校刊，编纂成《万寿道藏》。宋徽宗一生对道藏编纂的重视，客观上对于传统文化的继承和宗教的发展有一定促进作用。

宋徽宗赵佶像

被传授了。

张君房的说法，充分显示了流传在道教内部颇有代表性的关于道经缘起的观点，即由神秘的气凝结而成，来自于天界，这也是道教宗教信仰的特性显现。但也有人认为，这说法从另一角度看，说明了中国古代人们已经开始探索宇宙空间，潜意识里感觉到人与天有某种内在联系。

关于道经，道教内部还有一种观点——认为道经隶属于不同的天神。仍然是《云笈七签》的记载，在书中作者勾勒了道教所构建的天上三清胜境的基本轮廓。三清胜境里居住着道教三位至尊之神，又称“三宝君”。这三位分别为元始天尊、灵宝天尊、道德天尊。这三位神，每一位都说了十二部经，十二部不是十二本而是十二类。所有的道经，都被归于三尊神的名下，这是关于道经缘起的另一个说法。

这充分体现了道教神仙信仰的特色，有明显的神话色彩。在道经中，我们经常会发现这样的字眼“元始天尊曰”、“灵宝天尊曰”，起因缘此。

道经的体例——三洞四辅十二类

六朝以来，历代的道门高士都积极地对道教经典道书进行收集和整理。

东晋时期，葛洪搜罗了天下几乎所有的经典道书，作《抱朴子·遐览》传于后世，提供了近乎全部当时流行的金丹派道经如《彭祖经》、《九生经》、《九仙经》、《混成经》、《元文》等，共260余种1200多卷，但没有图书的分类。而后有陆修静广集道书，纠正了错误，编撰《三洞经书目录》，增加了道经，并且分门别类，总括为“三洞”。这部书标志着道教图书分类的成熟，确定了道教经书分类的基本框架。

梁道士孟智周根据三洞作一部《玉纬七部经书》。所谓的七部就是“三洞”及“四辅”，四辅就是指太清、太平、太玄和正一等四部辅经。又由于三洞包容范围较大，三洞下各分十二类，合为三十六部。十二类加上三洞、四辅，使得人们一般提起道经时，总称为——三洞四辅十二类。

唐朝开元年间，道教的第一部经典总集《开元道藏》(又称《三洞琼纲》)在三洞四辅体系架构下编纂而成。宋朝时编纂成《政和道藏》，在福州刊定印刷。在金、元、明历朝历代都有《道藏》的纂修，如金元时的《玄都宝藏》、《正统道藏》、《万历续道藏》、《道藏辑要》等，这些道藏被道教的各大名山名观珍藏。

道教经典总集《道藏》的编修，使道教不断出现的道书得到整理和积累，道教的教义得以广泛的传播。《道藏》所集经书，内容极为丰富，涉及到哲学思想、天文地理、文学艺术、卫生健康、道德教育、科学技术、民俗观念等中国社会历史文化和人民生活的各个方面。

道教的经书包罗很广，但它的核心只有一个，那就是道教的信仰——神仙之道，经典的编纂和经典体系的架构都是围绕这个信仰体系进行的。

道教徒参学研习道经的目标是为了学道悟道、修道证道、传扬大道、度己度人、福国裕民，因此道经中还包括道

陆修静和三洞

陆修静，是三国吴卫相陆凯的后人。他年轻时，就爱读道教方面的书籍，后来弃家学道。宋文帝时，命他入宫讲道。陆修静为他讲理说法，文帝感到很佩服。宋明帝时，曾请陆修静住在皇宫里，以便时时请教，并且希望陆修静在朝廷中担任高官，可是陆修静不愿意，于是，明帝根据他的心愿建了宗坛，供其宣扬道法。一次，宋明帝生病，陆修静在天印山经坛为宋明帝作《金录大醮》，表达他对知遇之恩的感激之情。同时他又借机宣扬了道教的经法威仪，一时间朝野震动，道教的经学从此盛行。

陆修静一生广集道经，把自己收集的道经放在一起辨别它们的真伪，进而加以整理校刊，最后总编为1228卷，分为洞真、洞玄、洞神三洞经书。这些道经奠定了《道藏》的基础。后来，陆修静撰写了《三洞经书目录》，成为中国最早的一部《道藏目录》。

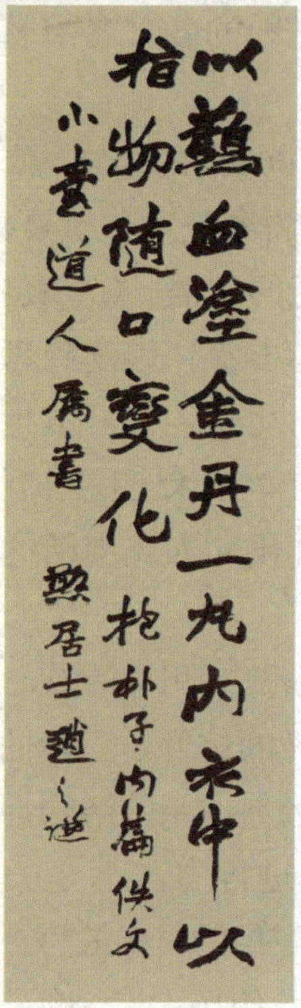

抱朴子帖 清 赵之谦

《抱朴子》，东晋葛洪著，是研究中国晋代以前道教史及思想史的宝贵材料，分为《内篇》和《外篇》，收入《正统道藏 》太清部。《内篇》 讲神仙方药、鬼怪变化、养生延年、禳邪却祸，《外篇》讲人间得失、世事臧否。

门专门编辑的、提供给信仰者日常诵习奉持的类似教科书之类的东西。作为道教的信仰者，必须参究道经，才能明了信行修炼、教化济人的要义，否则就难以继承发扬自己所信仰的事业，也不可能真正得道成仙。

道经研习在道教中极其重要，是修道成功的必由之路。作为一个道教的信仰者或研究者，要想真正地研究和弘扬道教就必须潜心研习经书，了而悟之修身护命以度己，得而发之以启迪世人。只有持之以恒的日诵、皈依、参究，才能如《高上玉皇心印妙经》所说：诵持万遍，妙理自明。

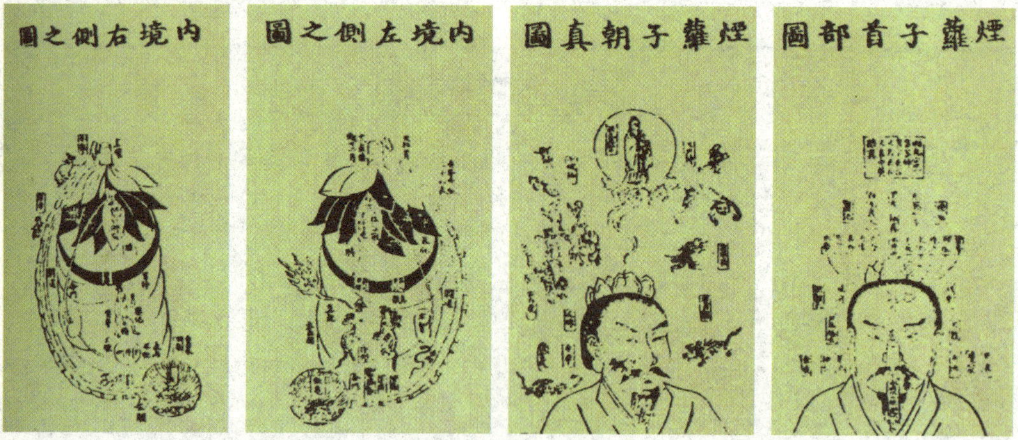

《正统道藏》本烟萝子内经图

道家医师在脏腑解剖方面做出了重要贡献，例如对于脾脏形态与功能的描述就独树一帜，比普通医家更明确，而且补了医籍之缺。金元时代以论脾胃名世的大医学家李东垣关于脾的形态与功能的描述正是录自道教文献。

不愁生死繁，但觉天地长

——道教的大道

事　　件：道教对大道的发展
人　　物：老子
道的属性：自然
道的规律：人法地、地法天、天法道、道法自然

道教，顾名思义，是以“道”为核心，以追寻“道”为目标，推崇“道”的一种宗教。那么，什么是道教的“大道”呢？

“道”的本义

“道”的本义是“道路”，后来引申出规律、规范的意思。

《说文解字》注释说：“所行道也，一达之谓道。”意思是，道本来是人所行走的路。路有许多种，沿一个方向延伸的路，才能被称为“道”。从这一层意思上又引伸出规则、规矩等含义。譬如说，天体运行有一定的常规，即所谓的“天道”。春秋时期，人们把“道”引申为天体的运行路线，日月的运行轨迹等。当时在天道的概念中还加入了规则一类比较抽象的含义，这样又有了“规律”的意思，天道一词的含义逐渐变得丰富，便和本义离得越来越远。

老子骑牛图

老子对“道的改造和发展”

道教老祖老子的“道”，在道路的本义和引申义的基础上，做了高度的抽象。他第一次把“道”作为哲学的最高范畴提出，

关键词　道　大道　德　道法自然

把它看成是世界万物的总根源。他认为，“道”是实在的存在，但又看不见、听不着，摸它又不知它在哪里，没有固体、特定的形象可言，是一种恍惚不定，不可捉摸的东西。这种既存在又感觉不出它存在的东西，没有办法用准确的语言来概括和描写。因此，老子写到“道可道，非常道；名可名，非常名”，意思就是可以说出来的“道”，不是常道，可以描述定义的“名”，也不是常名。

老子的“道”究竟是什么呢？“道”是万物的本源。老子认为，万事万物的产生，有一个本源。源头是万物之母，不可能是万物的任何一个。老子认为，世间万物是“有”，源头就是“无”，“道”不是完全的虚无，只是无声、无味、无形、无嗅的存在。“道”的“无”能产生万物的特性，却不具备万物的特性。老子明确地把“道”作为万物的本源，同时设定宇宙万物有这样固定的生成模式：“道生一，一生二，二生三，三生万物。万物负阴而抱阳，冲气以为和。”

道生出万物后，仍然存在作用。它躲在万物运动变化的幕后，是看不见的那只手，主宰控制着万物。道不是有意志的神，而是无意志的客观存在。从这一点看，老子是唯物的。

“道”在老子眼中，又是万物运动变化的规律。“有物混成，先天地生。寂兮寥兮，独立而不改，周行而不殆，可以为天下母。吾不知其

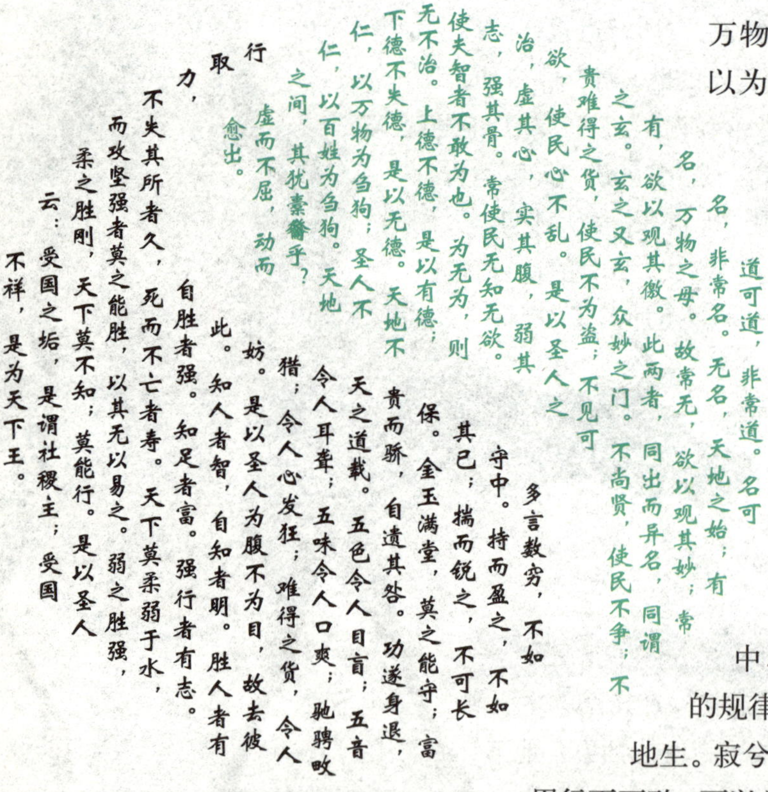

《道德经》阴阳经文

名，强字之曰道。”任何事物，每个阶段的发展都由“道”驾驭、规范、控制着，从万物运动变化的角度来说，是万物发展的规律。

老子的“道”有三个特性，首先是客观、自然。它不以人的意志为转移，不受他物的干扰。其次是有虚和静的特性。虚，所以无形。静，才能成为万物动的根源。再次，“道”有无为的特性，无为就是顺应自然，无所不为，发挥自己的作用。

老子的“道”有自己的规律，它能够不断地扩大，铺展至一定的程度时，道开始向反方向回归，即“反者道之动”。老子的笔下，写满了对“道” 之“反”的理解。他列举出，人类社会和自然社会的大大小小的矛盾，如大小、高低、正反、长短、智愚、有无、曲直等。老子认为矛盾的两个方面是正反相生，相辅相成，对立统一的。

老子其人、其书

老子是中国古代的一位伟大思想家。他姓李，名耳，字伯阳，谥号聃，所以又称老聃。老子是楚国苦县（今天的鹿邑县）人，大约生活在公元前571年至前471年之间。他曾经做过周朝的守藏史。据说，他聪颖勤快，幼年一边放牛一边读书，晚年在故里陈国居住，后来出关到秦地讲学，最后死于扶风。

现在存世的老子著作，仅有《老子》即《道德经》（又称《五千文》）。《道德经》是道家的主要经典著作，是老子用韵文写成的一部哲理诗。在文中，老子阐发、构造了一个朴素唯物主义体系，具有朴素的辩证法思想。老子对中国古典文化的发展，作出了重要贡献，其数千言竟对中国2000多年来思想文化的发展，产生了深远的影响。

道教对“大道”的发展

道家发展为宗教——道教后，对“道”也进行了继承和发展。首先，道仍然被认为是永恒存在的世界本源，并在时间和空间上都是无限的。其次，道无所不在，无限的大。再次，道的本体是无，没有任何规定性的存在，道的超越性、无限性，决定了它与一切有形有质有具体时空位置的事物不同——具体事物都有确定的规定性，道无形无象，不具备任何具体规定性，是纯粹的虚无。

道教对道的发展，具体表现为：其一，认为道可以幻化成神，道的化身就可以看做是一尊神，道的形式是虚无的，但具有神性。形象地说，分散时它是无形无象的气，聚集起来便是神。在道教中，老子就被塑造成这样的神。张道陵所创立的正一盟威道明确提到，道是一，“一”散形为气，聚形为太上老君。

三国时期魏国王弼的《老子注》是对《老子》的注释，是第一部系统地阐述玄学理论的著作。

而太上老君是什么人呢？太上老君是道教中对老子的尊称。据说，道教最高的神灵一共有三位，分别是天宝君又称为元始天尊，灵宝君又称太上大道君，神宝君又称太上老君，他们都是道的化身，都是由道的一气所化。道教既然是宗教，在宣传所崇尚的大道的同时，也就宣传了这样的理论：人们只要跟随道教，信仰道教，按照一定的规则修行，就可以得道。人一旦得道也就变成了神，人变的神，被称为仙，或者称为神仙。道教这样教育世人——人人可以修道，只要勤恳、有悟性，谁都有机会成仙。

其二，道教发展对道的理解，其中重要的是对道的主要功能作进一步阐述。他们认为“大道”有生化功能：道无为而无所不为。道的生化功能，并不表现在它对事物做出外在的规范。它并不作为，只是让万物凭着自己的本性生存和发展，自然而然的生成、发育、成长壮大、衰老、死亡，即从无而有，又

知识点击

关于大道化成的三位尊神

道教籍《九天生神章经》中曾专门论述过三位尊神，天宝君是为大洞尊神，又称玉清元始天尊，就是人们通常说的元始天尊。他是道教“三清尊神”中的第一尊神，居住在三十六重天最上一重天——大罗天。天宝君度过太上老君、五方天地等神仙，后在龙汉（道教对劫难的一种命名，天地自形成到毁灭一次称一劫）元年化生天宝君。

灵宝君是洞玄尊神，又称“上清灵宝天尊”，通常简称太上老君。他在道教最高神序列中仅次于元始天尊。灵宝君居于上清境，即禹余天，被称为洞玄教主，传授洞玄部经典，后在龙汉开图时化生灵宝君。

神宝君是洞神尊神，即太清道德天尊，一说是由道家人物老子神话而来。因《老子》一书对道教理论形成影响颇大，后世便把他定位为尊神，并说是在赤明（也是一个劫名）元年化生神宝君。

依道教典籍说法，三位尊神分别由元气生化而来，这既说明道教大道的神圣，又说明了信仰本身的神话性。

孔子问道图

老子与儒家学派创始人孔子是同时代人，年龄比孔子稍长。由于老子学识渊博，孔子对他十分钦佩，曾亲自请教过他。《礼记 · 曾子问》一篇中就有几处记载孔子问礼于老子之事。

从有而无——这就叫无为。

其三，重新解释“大道”衍生出的“德”。“大道”衍生出一个新的概念——“德”，道教发展了对“德”的解释。什么是“德”呢？德是道之得。德是道在万物中的体现，就具体事物而言，所谓的德，就是得到了道，或者说没有失去道。德与所谓的“道性”是一致的。由于道被认为是无所不在的，因此万物皆有道性，“德”是万物的共性。德是道的体现和形式，而道是德的根本所在。从某种意义上来说，道对每一具体事物的约束、规范等作用必须通过德来实现。因此，道教要求人们循道而行，其根本的手段是使行为和德相合，逐步减少差错，力求在思想言行上，尽可能符合德的标准。这样才能体现大道，遵循大道，合乎大道，最后得道。

道存在于万事万物之中。就具体的

道无所不在、道体是无、道化为神、人得道可为神。

仙人图

道教重生恶死，相信人坚持修炼可以成仙，长生不死。道教的神仙系统是开放的，能化生为神，人人都可以修道，也都有成仙的可能。图中有四位仙人，以不同的年龄表示出了各自修炼品位上的差异。

个人来说，德就是自己身上道的体现，但德也是要靠人们自己去体会的，因此要修德，只有修德才能合道。修德没有止境，要力求处处合乎道，一开始只是成为一个有德之士，继续下去，与道合为一体，就可以得道成仙，即我们所说的“真人”。

归根结底，道的规律在于道法自然。自然原是道的属性，“人法地，地法天，天法道，道法自然。”即人效法于地，地效法于天，天效法于道。总的来说就是顺乎一切事物和世界的本性，顺乎规律，遂其自身固有的性质和变化历程。

怎样才是道法自然呢？自然与无为一致，道教主张清静无为。道没有作为，没有强制，不加干预，却生发万物。做到这种积极的“无为”，便能够与道相合，最终就可以达到自然的境界了。

因此，要做到“道法自然”，也就是说，做到无为，就必须观天之道，执天之行，不是简单的无所作为，而是反对过多的人为干涉。“道法自然”不是反对依据大道的本性去行事，而是积极的修道行道。

不自见，故明；不自是，故彰；不自伐，故有功；不自矜，故长。

春融只待乾坤醉

——道教的太极与阴阳

事　　件：太极与阴阳概念的产生演变
人　　物：陈抟、周敦颐
道术基础：气
主要典籍：《无极图》、《太极图说》

道教的太极与阴阳观念是道教宇宙观基础的组成部分，道教其他的教义也大多从太极和阴阳的理论中衍生出来。谈太极和阴阳，首先要谈道教关于气的理解。

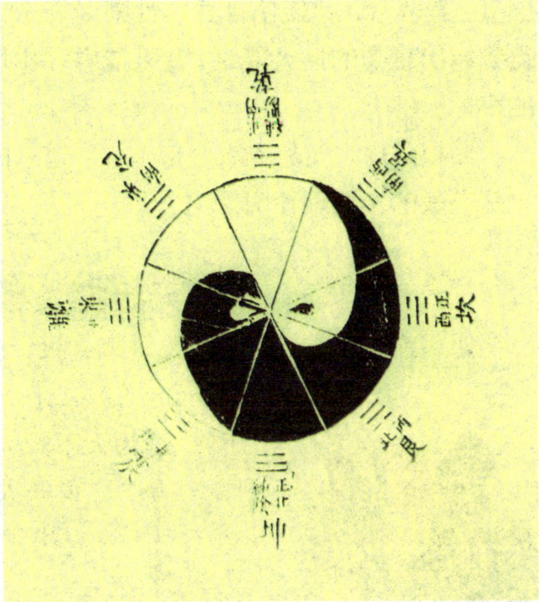

《太极图》（阴阳鱼）

这种《太极图》据考始制于东汉炼丹家和气功学家魏伯阳的《周易参同契》。它反映了阴阳两方面既相互对立，又相互依存，阴中有阳，阳中有阴。这种阴阳对立互根的思想在中国古代医学中得到了广泛的应用。

气与道的内涵

道教教义认为，道是支配一切事物运行的所在，可以理解为我们现在所说的"规律"。道是实体，但表现出来的状态是无。道体，充斥在天地之间，就是所谓的"气"。整个世界都是由气组成的，气弥漫在全部的空间内，宇宙万物，所有的一切都在气的包围之中。气是世界统一的基础；它是一切有形、无形的事物（如自然万物、人类社会）的本原；也是一切意识的东西（如神鬼和人的思想及精神活动）的本原。总之，气贯穿一切，又组成了一切。

按照道教教义的说法，因为气有不同的属性区分，所以构成了万物。平时所说的精也是气，不过它是气的精粹，即所谓的"精气"。春秋时的管仲说，气的精按特定的次序排列结合起来，便能生成各种各样的东西——即万事万

关键词　气　无极　太极　八卦　阴阳　五行

物。道教经典《太平经》中说，人的身体由三种基本元素构成，分别是精、气、神，它们其实是同一气的不同表现形式。显而易见，人是由气组成的。后世的武学也经常提到这几个概念，大致也出于此。既然神、人都和气联系在一起，神与人有正邪之分，因而气也就有了清浊的区别。同样是一气所化，正气就化成了神和好人，而邪气、戾气化成了恶鬼、恶人。道教又标榜自己有义务用正气去消灭和压制邪气。

道教理论承认气存在的同时提出人是可以通过修道把握气的，认为人一旦把握气、驾驭气，就能使自身本性渐渐合于大道，长生不老，直到成仙，另外还能得到超出自身的巨大能量，甚至能够移山填海。总之，就能完成一般人无法完成的事。

归根结底，气是道教全部道义、道术的基础，是道教修炼的出发点和归宿，也是道教的主要理论思想之一。

无极与太极

要研究太极，先要了解无极，因为无极是太极的本源。《老子》二十八章讲到："知其白，守其黑 ， 为天下式 。为天下式 ， 常德不忒，复归于无极。"意思是说圣人明察秋毫，却安于暗昧，为天下人做出了榜样。如此以来，"德"才不会有什么差池，终能返璞归真。其中首次使用"无极"的概念来形容"大道"。后来道教人士对此进行了阐发：道是无限的，无论在时间上还是空间上都是无限的，而无极恰有此意。到了唐代，道士成玄英明确提出，无极就是道。在道教的理论中逐渐就用无极来称呼道。在修道

道教思想认为无极是太极的根源。

道教宇宙观的基础是太极与阴阳的观念。

知识点击

《河图》、《洛书》中的五行和八卦

传说伏羲（中华民族的祖先）时，从黄河中跃出一匹龙马，时常祸害百姓，后被伏羲降伏。它为了报答伏羲的不杀之恩，潜入河中背负着“河图”游出，将其奉献给伏羲。伏羲得到了河图，从中悟出了八卦思想。大禹的时候，又从洛水中浮出一个神龟，背负着“洛书”，大禹因此创立了蕴涵“五行”思想的“洪范九畴”。“河图”记载的八卦及“洛书”记载的五行，成为中华文化的源头。八卦和五行蕴含的辩证思维方法和朴素的唯物自然观，在西周以后被概括成“和”，后来又被丰富为“和合”。“和合”一直以来都是中华民族传统文化中独特的哲学、文化思想真谛，广泛融入千百年来的政治和社会理想之中。从“河图”、“洛书”中得到八卦、五行的思想渊源，体现了中原文化遗产的风格特色。

时，讲求与道合一，也就是“与道合真”，复归无极，返回到元初的终极状态。在解释宇宙演化的过程时，用无极和太极相对，指代天地尚未开辟时比太极更混沌的状态——无极是太极的根源。

道教的典籍中，从无极到天地开辟之间分为五个层次，也就是“五太”，五太分别为太易、太初、太始、太素和太极。五太是对道演化出天地以前前后相继的五种状态的表述。

太极最早在《庄子》中提出，书中说：“夫道，在太极之先而不为高，在六极之下而不为深。”该书集中论述了太极与道的关系，通过太极描述了道的无限性。太极的概念是《易》学的重要概念，尤其在道教宇宙论的形成方面，有着不可替代的地位。《周易·系辞上》说：“易有太极，是生两仪，两仪生四象，四象生八卦。”这就是说，“太极”是至高无上的宇宙本原，太极产生两仪（如阴阳、天地等），再由两仪生成春、夏、秋、冬四时，然后四时又衍生出乾、坤、震、巽、坎、离、艮、兑八卦。八卦由此成为天地万物的本原，对后世道教思想影响深远。道教长期以来把太极作为该教理论重要概念，并不断丰富它的内涵，久而久之形成了太极思想，《太极图》成为其重要标志。

《太极图》相传由陈抟（五代时的高道）所作，最初称为《无极图》。陈抟生前把《先天图》、《无极图》以及《河图》、《洛书》传给了自己的学生种放，种放把图分别传给穆修、李溉等弟子，穆修又将《无极图》传给了周敦颐。周敦颐继承了《无极图》后将其改称《太极图》，并通过自己的努力，

太易是指阴阳的分化尚未开始，是连气都尚未出现的状态。

八字算命与五行

五行思想今天被广泛用于占卜前程命运——八字算命。它的主要手段是分析一个人的五行“金水木火土”是否均衡。五行如果不均衡，一个人的命运或正常的生活秩序会被冲击，不顺心的事就要发生。反之，如果五行比较均衡的话，办任何事情都会比较顺利。什么是生辰八字呢？就是从专门历书中查出的某人生日的天干地支八个字。中国古代的阴阳五行学者认为，天地之间到处存在着五行。因而把天干地支都套上了五行，认为人若用天干地支的八个字来表示自己，一生的命运就可通过八字分析五行相和、相克推算得知。八字算命和五行说有密切的关系，也有一定的理论基础，并不全是胡编乱造。

写下了《太极图说》解释太极和太极图的概念以及演化过程，《太极图说》至今我们仍能看到。《太极图》的含义是什么呢？

上文已提到，《太极图》是由《无极图》演变而来的，叫做《太极图》时，和原图的图形类似，但是读的方法正好相反。

无极图主要用于解释内丹修炼的道理，读它的顺序是从下而上，依次为得窍（玄牝之门）、炼己（炼精化气，炼气化神）、和合（五气朝元）、得药（取坎填离）、脱胎还虚（炼神还虚，复归无极）。而太极图，是要从上往下读的。同一图却从两个相反的方向来读，为什么呢？道教教义认为，从大道化万物的顺序看，是从太极分阴阳开始，而炼内丹是顺着来路返回到大道的，所以是反着读的，按照这个读图方向修炼，才可以和道保持同一体，能够长生不死，最终变成神仙。

周敦颐继承两图的精神，写下的著名的《太极图说》。他在介绍太极的提纲中，阐发了关于太极的精辟个人见解。他提出“自无极而太极”，认为在无极中，生出了太极。后来，南宋著名的理学家朱熹整理注解了《太极图说》，改成“无极而太极”，认为无极是形容太极的，否认了太极之上更高的本原无极的存在。实际上朱熹篡改了陈抟的《太极图》原意，使太极图失去了原有的道教色彩。

后世的道教信徒们基本上认同周敦颐，道教的第四十三代天师张宇初也采纳了周敦颐的图说。因为周敦颐的《太极图说》，解释太极图的语言，是符合道教最初的思想和见解的。

太极图还有一种简捷的画法，就是

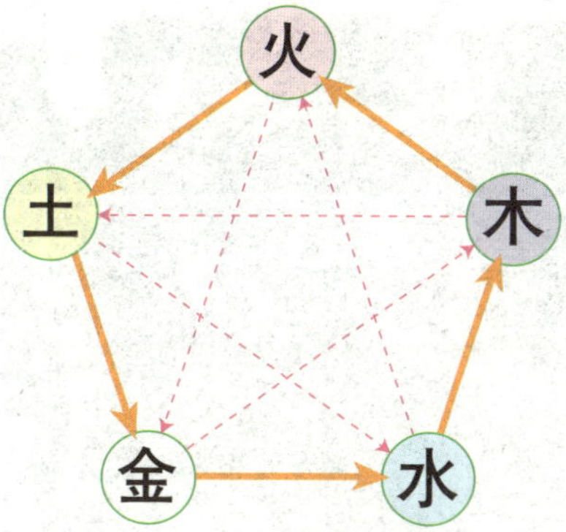

五行图

五行说是中国古代论说宇宙间构成万物的元素论，它的特点是从万物中分析出五种完全不同形质的基本物质——水、火、木、金、土，认为这是构成宇宙万物的根本元素。图中实线所示为相生关系，虚线所示为相克关系。

用一个以柔和的曲线(形状类似于解析几何中的正弦曲线）分隔的圆表示，这是我们平常最常见的一种太极图解。图中，这条曲线将圆面分成对等的两半，一半白一半黑，白者代表阳，黑者代表阴，合起来表示阴阳对立并存；白中有一个黑色圆点，黑中有一个白色圆点，即阳中有阴，阴中有阳，意味着阴阳互相包容，互相转化。大体上看，这个图形的阴、阳两部分就如同两条鱼紧密地粘附在一起，因此该图又称为阴阳八卦鱼。

阴阳，实际指代世界上一切事物中包涵的既互相对立又互相依存的矛盾双方。按照道教教义的说法，阴阳是蕴含在气中的，而气在宇宙中涌动，无极生出了太极，太极动则产生了阴阳，阴阳变化相互作用又推动了宇宙中存在着的万事万物的运动和变化。道教在用“阴阳”朴素辩证法诠释世间万物时又引入五行（木、火、土、金、水）的概念作为辅助。所谓五行是从世界上现实存在的几类基本要素中抽象得到的。五行，尽管以木、火、土、金、水来命名，但不仅仅指代这些具体事物本身，而是以它们

乐山大佛景区凌云禅院的八卦图

八卦是中国古代哲学中的一组重要符号，它所表示的是天地万物的基本归类，通常又用以代表天之八节、八区和地之八方。这组符号也为中国古代医学所借用。

五行统一于阴阳；阴阳统一于太极；太极根源于无极。

帛书《阴阳五行》 西汉

“阴阳”观念在史前时期可能便已萌芽。春秋末期，出现了“五行相胜说”，认为五行之间存在相互制约的关系；战国初期，出现了“五行相生说”，认为五行之间存在相互促进的关系。

作为一种框架，把世界上一切现象分成基本的五大类，用五行来表示万事万物的属性。

阴阳是宇宙中最基本的既对立又统一的力量。阴和阳之间相辅相成，蕴涵在每一事物当中。而其表现形式则千差万别，如在人类中，具体体现为男女之别；天地之间，表现为天是阳，地是阴。总之，山、水、草、木、土、石、鬼、神，天下所有的事物都隐含着阴阳的对立和统一。

五行本身有着丰富的内涵，它们之间的关系表现了世界万物的基本联系。五行之间，相生相克。所谓相生，是指五行依照一定的顺序相互生成，循环不断（木生火，火生土，土生金，金生水，水生木）；所谓相克，是指五行之间又依照一种顺序彼此挟制（水克火，火克金，金克木，木克土，土克水）。这一生一克之间又是对“矛盾”的生动说明。阴阳五行相互联结，构成一个完整的体系。

总的来说，道教的演化体系可以归结为：气产生了无极，无极产生了太极，太极生阴阳，而阴阳变化交合，产生了五行。这些概念——气、无极、太极、阴阳、五行是道教最中基本的理论框架，其他的方术、理论、教义都根生与此。譬如说，道门人士在炼气功、施法术中都要运用阴阳五行的原理。因此，道教的太极和阴阳是道教气、无极、太极、阴阳、五行整体理论的核心部分，是道教教义不可或缺的构成部分。

我命由我、生道合一

——道教生命论

事　　件：道教生命论
人生理念：我命由我、重道贵生
生 命 观：万物与我为一
终极目的：得道、升天成仙

宇宙中，生命最可贵。生命是最客观、最重要的存在，人作为万物之灵，尤其重要，这就是道教的生命观。其以人为主体的特色是区别于其他宗教（如儒、佛）最为重要的一点。

道教信奉"重人贵生"，从道祖老子的《道德经》开始，就讨论与宇宙如何生存相关的长生之道。后来历朝历代的道教大师，都进行了补充、完善，并将其发扬光大，现在道教已经形成了一整套的具有自身特色的生命学体系。

以人为主体的生命观

道教认为生命是多样的，万事万物都可以看成是有生命的个体。比如说，宇宙是最大的生命体，而自然万物、社会、人等是相对来说较小的生命。自然界的万物都有生命，因而它们充满了活力。道教的门徒对包括山川河流、花鸟鱼虫在内的所有事物，都以生命的观点来看待。他们在承认了生命普遍存在的同时，又突出对自身——人这一生命主体的强烈关注和重视。

道教对人体生命的解释，源头何在，如何认知，在历代的典籍中，都有很精彩的论述。吴筠的《元气论》中，认为精、神、气就是生命；《太平经》认为，精、气、神三者共存于一体，彼此相互对立，相互依存就是生命。同时道教修炼家们追求长生之道。他们认为，

错金博山炉(局部) 西汉

薰炉是汉朝贵族使用的薰香用具，该炉仿蓬莱仙境制造，构思巧妙，做工精细，薰香时烟气飘渺如仙如幻，是道教追求神山仙境的产物。

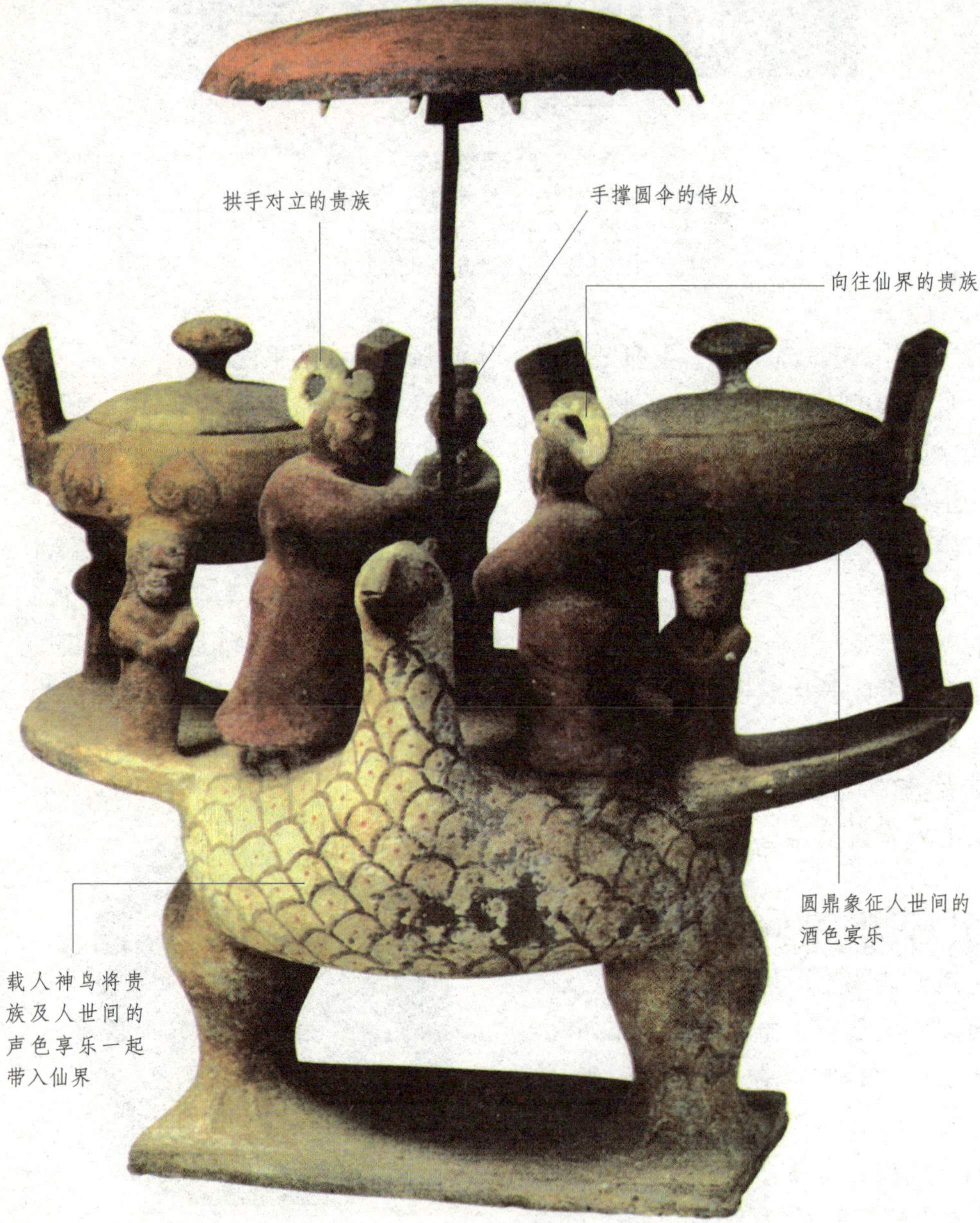

载人神鸟 彩陶 汉

东汉时期富门大户凭借雄厚的财力，往往将坟墓建得异常豪华气派，掀起了一股“子为其父，妇为其夫，争相仿效”的厚葬大潮。这件随葬品出土于山东的一贵族墓，象征墓主人死后，由神鸟将他本人以及生前享受的宴乐歌舞，一起带入仙境。

人常失道，非道失人；人常去生，非生去人。

人体“生命”来自于“元气”，生命的本原是 “道”所派生出来的“元气”。元气运动，生出阴阳后进一步产生了人的生命，因此生命是精、气、神和谐结合于一体的产物。人的“生命”是有形有质、可触摸的真实存在，这表示了道教对生命客观性的认知，不同于儒教和佛教的相关学说。

道教理论不仅认识到生命的客观存在，还充分关注了精神活动的重要性。它在讨论这个问题时往往“形”、“神”并举，认为形与神是人体生命不可缺少的两种基本要素。所谓形，道教认为是元气所聚。如《长生胎元神用经》就说“气结为形，形是气之本宗，气是形之根元”；《道枢》也认为“形无气则不变”。而神，被认为是人生命形体活力的体现，是人生命存续与否的关键所在。《西升经·神生章》写到“盖神去于形谓之死，神资形以成故也。”这就是说形神相资尤为重要，形与神相辅相成是生命的基本条件，如果不是这样，那么没有生命就会走向衰老甚至消亡。

道教生命论以人为主体还体现在，它认为人的生命形态可以转化为他物。《抱朴子·黄白》曾提到“人之为物，贵性最灵，而男女异形，为鹤为石、为虎为猿、为沙为鼋，又不少焉。至于高山为渊，深谷为陵，此亦大物之变化。”由此可见，葛洪认为人可以变化为其他动物或实体，但前提是修道、得道。人不仅作为天地万物中的一员，还可以变化升腾，足见人的主体作用。

道教在讨论了人体结构的生态性质及其精神活动问题后，认为万物之中人是最灵最贵的生物。道教的门徒逐步意识到，人的形体结构是真实存在的，可触及到的，所以如何保存和持续保养这最贵最灵的生命只能从形体开始。而如何使宝贵的形体长存不逝，则成为一个严肃和值得探讨的问题。因此，道教的历代大师都致力于养生学说的研究。

“我命由我”、“重道贵生”的人生理念

道教对生命的看法是客观的，从一定程度上决定了他们对人生价值的肯定和积极的人生态度。道教是中国最重视人个体生命的价值，最热爱生命的传统宗教。“我命由我”、“重道贵生”等理念的提出，是尊重人生、珍惜生命的集中体现。

其实，每一种学派或宗教都无法回避这一现实问题。儒家认为人生的一切取决于“天命”，人在天命的安排下等待着死亡的到来，人要主动顺应天命，

《太上老君内观经》属气功存思内炼的著作，作于隋唐时期。

而不能违背“天命”，否则就是逆天而行。佛家则认为人生的一切都是空幻的——“空即是色，色即是空”，人活着就是受苦受难，追求“生”的价值没有任何意义，追求来世的安宁和福气才是正理。但是道教完全不同，道教徒对待人生的态度是“我命在我，不属天地”，强调积极进取，发挥自己的主观能动性。他们弘扬一种“重道贵生”的信仰，重视和珍惜自己的生命，尽可能享受生命的存在。这表现在，道教要求自己的门徒和“天命”、“自然”作斗争。他们养生、修炼，是希望依靠自己的努力，来突破生死的大限。他们研究大道，使自身的行为合于大道，以期永远存活在世间，就是追求“神形俱妙而成仙”——将神和形统一，然后成仙而去。道教的修炼是建立在热爱生命的理论基础上，追求个体生命的美满与和谐。

道教基于“我命由我”、“重道贵生”这些重视生命、珍惜生命的观点，强调命运把握在自己手中，“重道”是为了“贵生”，即重视生命、珍惜生命，从而在有生之年生活得更美好。出于养生的目的，历代道教的大师阐发了许许多多的炼养方技，希望可以通过炼养技术的提高，达到得道、升仙的终极目的，永远享受在人世间的幸福生活。

万物与我为一

道教在确立了人生命的主体地位后，强调人应当珍重生命，善待人生，其人生观逐步拔高，渐渐形成“生道合一”的人生理念。“生”就是人生，“道”

佛教的人生观

佛教的人生观是讲因果报应的，所谓的“因果报应”，就是种善因获乐果，种恶因获苦果，因果通于来世，有因必将有果，即“不是不报，时候不到，时候一到，立刻就报”。当境遇美满，不必踌躇满志，当遭遇艰难困苦，也没有必要怨天尤人。要知道是过去的善因使境遇美满，过去的恶因使现在经历困苦。因此若不续种善因，未来必遭困苦；相反，即便过去的恶因使目前处于困苦之中，现在若能回头向善，未来的境遇也将朝着有利的方向发展。

另外，佛陀认为人生的价值并不在于当前肉体感官上的享乐，而永恒生命本体的净化才是生命的真谛。净化本体要以佛法上的六度——布施、持戒、忍辱、精进、禅定、般若为手段，清理内心世界的六弊——悭贪、毁犯、嗔恚、放逸、散乱、愚痴。只有一心向佛，潜心修炼，才能六根清净，最终解脱成佛。

升仙图　西汉

汉代墓室壁画生动形象地刻绘了诸如天帝、西王母、东王公、伏羲、女娲等众神仙和青龙、白虎、朱雀、玄武、三足乌等众神兽，从而描绘出一幅幅鲜活的仙界生活景象，透出汉代人们对神仙的信仰和对仙界的追求与向往 。

可以理解为大道，也可以指代宇宙万物及其运行规律。具体而言，“生道合一”要求人生的历程应合乎大道——自然规律。只有如此，才能“深根固蒂，长生久视”。《太上老君内观经》就明确指出，“道不可见，因生以明之，生不可常，用道以守之。若生亡，则道废，道废则生亡。生道合一，则长生不死。”所以必须使生命与道长相契合，方可长生不老。“生道合一”，道可以指万物，生即指我生，因此又称为“万物与我为一”。

“万物与我为一”是道教生命观的最高境界。这一观点的提出，标志着道教由一般意义上的珍视个人生命，善待万物生灵，升华到保持人的生命和整个自然界——有生命的万物之间的和谐共存。

随着历史向前发展，相关思想逐步趋于完善。后来道教为修道者设定了三种境界，分别是：自我内在的修养；超脱尘世社会的烦扰，顺应自然的变化；自在地体会自然的和谐，安详地和天地万物同时生长。道教这种把以人为主体的生命观也推行到人类社会中去，主张人在社会中生活和劳作，要注意“明心见性”，不能为俗事所困扰、打搅自己的修炼，更不能迷乱，同时要注意加强自我修养的思想在中国传统文化中占据重要地位。

总之，道教从承认生命的普遍性和客观性出发，重视生命，强调以人为主体，并由此上升到争取最大限度的维持生命、享受生命，最终升华为所谓的“天人合一”、“天地与我并生，而万物与我为一”的思想，就是把人的自我融入宇宙中，作为宇宙自然的一部分，彼此和谐共处。

明道立德

——道教人生理想

事　　件：学道、明道
学道原则：柔弱不争、为道日损
主要典籍：《道德经》、《老子想尔注》、《云笈七签》

老君传道与学道之士图

图中以老子为中心，四周有各种云气，使人物有似处于一种天境或仙境的感觉，老子端坐于一铺着毛皮的岩石之上，皓首、大耳、两手交握，右手在上示阳，左手在下示阴，头部罩有黄色光环。左侧有一女仙，钗饰环珮，双手托一盘仙桃；右侧立一有三缕胡的男仙，身披蓝边绿袍，手捧笏板，双目圆瞪；坐前二仙之间，跪一学道之士。

道教作为一个历史悠久、底蕴深厚的传统宗教，它对于门徒的人生理想有着明确的要求，那就是明道立德。既言道教，首要的肯定是学道，学道是为了明道，即对道要明白、通达。然而，明道不是为了明道而明道，明道的同时要立德，即自身的道德也要随之端正、充实起来。否则，明道无从谈起，得道更是枉议。说到学道、明道，道教有自己的完整体系。

道教认为，学道首要的是自主自愿，而且是倾心向道、学道，同时不可有任何功利的念头。“道”还有一个显著的特点，就是可受而不可授，学道要依靠修行者自己的努力。因为道本身无形无象，仅靠人的感官是不能直接把握的。得道的人可以把他得道的感受告诉你，但是“道”本身，以及得道的人所体会到的道之精义，却是没有办法一一传授于人的。

有鉴于此，学道的人只能通过自己的苦修，从中用心体会、领悟，悟道

关键词　明道立德　柔弱不争　为道日损

那一刻终究会到来。若是心猿意马，总是指望旁人来指点你，告诉你，传授你，那就表示心不诚，修道不会有什么结果的。既然如此，是不是说学道、明道以及得道的整个过程全部要独立完成，而与旁人无关呢？那倒不是，道教一贯强调要有名师的指点，但切忌依赖，主要是自立和自悟。正所谓“师傅领进门，修行在个人”。历史上的葛洪、陶弘景、王重阳、马丹阳等高道都曾得到名师的指点，但更重要的是其自身的修炼和慧根。他们当中很多人的苦修，经受历练已传为佳话。

具体地说，学道有一些固定的原则，必须明白于心。其中首要的是，学道、明道要恪守“柔弱不争”的原则。老子说，“弱者道之用”，道是柔弱的，柔弱是道的一种本性。学道的人，要遵守天地间大道的法理，顺乎自然，不要强求。《道德经》有“天之道，利而不害；圣人之道，为而不争”之语以警醒后人。人的一生更不能贪财好利，《老子想尔注》说“求长生者，不劳精思求财以养身，不以无功劫君取禄以荣身，不食五味以恣，衣弊履穿，不与俗争”。在为人处世方面，也要恪守柔弱，就是不争强好胜，不轻易为人先。老子就说过三“不为”，其中之一就是“不为天下先”。

在道教的经籍中，太上老君曾有一段专论“柔弱不争”的名言。其大意是，自然界有许多法则，其中最为重要的是无论上天做什么不做什么，都不会刻意地去影响万物的生长，只是不去妨碍它罢了；因此深明大道的人——所谓的圣人，遵循的人生准则也和大道一样——

明道立德要打通的关口

学道修道途中可能遇到的障碍和干扰，称之为关口。在清代人写的《通关文》中，列举了五十多个关口。依次为才智关、口舌关、不久关、不信关、幻景关、书魔关、无主关、生死关、任性关、色身关、色欲关、妄想关、因果关、阴恶关、执相关、自满关、财利关、闺丹关、冷热关、穷困关、诡诈关、夸扬关、炉火关、怕苦关、贪酒关、轻慢关、荣贵关、退志关、畏难关、耻辱关、恩爱关、高大关、速效关、猜议关、粗心关、累债关、虚度关、悬虚关、着空关、傲气关、假知关、装饰关、嫉妒关、暴弃关、暴躁关、嗔恨关、懒惰关、懦弱关、人我关、患难关。

这些关口、障碍基本上都是道教对耽误门徒修炼的俗世困扰的总结，据说这些障碍、关口一旦能被修道的人克服，通往明道立德的道路便畅通无阻，得道成仙指日可待。

顺其自然去作为，不与天争，也不和什么人、在什么事情上强争。圣人们始终如一地保持柔弱，不争什么，就没有什么可以伤害他，就像初生的赤子，尽管柔弱，但放在野外，猛兽、毒蛇都不会伤害他。而世上有很多人争强好胜，热衷于功名利禄，虽然他们表现得咄咄逼人，却容易导致失败，甚至进一步伤害到自己的存在。

道教在对大道推崇和认知的基础上，要求道教的门徒学道、明道、做人，保持和大道一样柔弱。“上善若水”，道教经籍中屡次被提及。道教的大家们解释说，正因为水是柔弱的，才能长期持续存在。道教教育自己的门徒，要像水一样保持持久，就会悟道、明道、得道、成仙。

第二，就是“为道日损”的修道原则。因为“道”与一般知识有着质的区别，所以明道之途和平常的学习大有不同。普通知识的学习强调日积月累，而学道采取的是“为道日损”的方法，是损而不是“积”。

道既然是不可名状的存在，无法触摸感知，无法解释，只能靠自身的悟来达到，那么就需要澄净的心来慢慢体验。而平常知识的累积，尘世的干扰只会使悟道的进程受到阻碍。因此，道教要求在人们学习道，明白道的过程中“损”，就是把自己的心“损”空，使自己慢慢抛弃已有的知识、概念和成见，抛弃以前的知识获取过程中养成的习惯，把隐蔽的道性渐渐地显现、展示出来，在渐渐静寂的心灵中，体会道的存在，最终领悟道真正深刻的含义。

“柔弱不争”、“为道日损”是学道、明道的过程中尤为重要的，只有深刻体会这两点的要旨所在，明道、得道才成为可能。但是，仅仅“明道”离道教的人生理想的要求还很远 ，明道的同时更要“立德”，其所谓“德不立，何

知识点击

终南捷径

道门中历代受人们尊重的高道，之所以受到人们敬仰，都是发下了宏愿，道心坚定，而且持戒不懈。唐朝的高道司马承祯，德高望重，屡次被封官许愿，但他坚辞不受，一心苦修道果。与此同时，还有一位道士卢藏用，原来也隐居修道，声名远扬后便应诏出来做官。他在送承祯还山，途经京都附近的终南山时说：“这儿本来就有好去处，何必跑去天台山呢？”司马承祯笑着嘲讽他道：“以贫道看来，这不过是当上大官的捷径罢了。”后人由此抽象出“终南捷径”这句成语，专门用来讽刺那些用心不专，只是希望走捷径捞好处的行为。卢藏用弃道入宦，半途而废成了后人的笑柄。

为道”？

“立德”要以积累道德为出发点，以德行为本，排除各种障碍学道。一个人想要得道成仙，首先要做一个有完备道德的人，道教史上重要的人物，东晋修炼家葛洪曾说，行道的人要以忠孝、和顺、仁信作根本，救人于危难。帮助人免于灾祸，救人疾病，这些都是最大的功德。正因如此，张角、张道陵等人在创立道教门派开始时，都要遍撒福水，普救众生。道教特别告诉自己的门徒，道德上没有建树的人，就算不停寻访长生不老的炼养方术、炼丹、服丹，都永远不可能得道成仙。他们宣传劝善行善，道教徒认为多积功德，在平常要时时刻刻注意自己德行的修养，时常检点自己的德行，认为这才是学道的基础。在德的基础上，逐步积累功德、提高境界，那么拥有慧根的人可以早些顿悟大道，一般资质的人通过长年累月的追求、探索与领悟，最终也会领悟真谛。无论有无慧根，通过渐修，明道立德，都可以得道成仙。

得道飞升图

在道教长期发展过程中，其中的得道之士逐步总结出学道的九个规则以及面临的九个困难。学道、修道最终的目的是遵循道的规则行事，用对道的要求指导

知识点击

修道的七个阶段

著名的高道司马承祯认为修道有七个阶段。首先要敬信，信心非常重要，坚信一定能够得道。第二要断缘，斩断尘缘，不为俗累，不应把功名利禄放在心上。三要收心，不能让心为外物所累。四要简事，尽可能的简单，逐步把心空出来，使之慢慢地变得澄净。五要真观，对于人生的变化，能安静的体察，把握规律，并可以气定神闲地看到事情发展的始终。六要泰定，也就是说，心不能总是牵挂着一件事物或者一个人，要力求精神状态一直保持安静和稳定，心如止水，泰山崩于前而面不变色。最后的第七阶段是得道。司马承祯描述得道的人：在大道中生存，没有生也没有死；任何事物都不能伤害他；他可以任意出入，享受毫无束缚的自由，永远自在和逍遥。

自己的具体行为。《云笈七签》中提出了九项学道应遵守的原则，被人们称为“九守”，分别是守和、守神、守气、守仁、守简、守易、守清、守盈、守柔。而“九难”则为衣食逼迫、意志懈怠、妻女牵缠、尊长遮拦（阻拦）、名利索绊、盲师（不明事理的老师）约束、议论差错、岁月蹉跎、殃祸横生等九难。

做到“九守”，克服“九难”之后，就可以超越一切外在名利、地位的束缚，发露自己的本性，极度地张扬自我。要得到这样的快乐和自由，就必须在学道、修道、明道的过程中，学会把名利、地位、富贵荣华全部抛弃，消除自己患得患失的心绪，挣脱人世间的束缚，才是真正的自由，才可以获得逍遥自在的境界。道教明道立德，都是为了一个境界，这就是他们的理想——自在逍遥、渐修得道、飞升成仙。

西汉升仙图

墓室壁画表现人们追求仙境的思想，色彩艳丽。

劝善行道

——道教的人生准则

事　　件：道教因果观念
劝善手法：广积阴功、消除戾气
主要典籍：《太上感应篇》、《抱朴子·内篇》
修身工具：《功过格》

道教作为一种宗教，要教化人，就需要特定的人生准则来约束、引导其信仰者，使之步入所谓的“正道”。道教的正道就是要与人为善，这也是道教门徒要遵循的主要人生准则。“劝善”、“行善”的准则（或叫做戒律）多少与其他宗教有些类似，但这种准则本身还是有它自己的特色的。

道教劝人为善的一个重要手法是要人们“广积阴功”，即人的一生要以慈悲的心肠对待万事万物，而不应过于放纵自己。这只是通俗的说法，那么严格说来什么是阴功呢？在道教典籍里，明确规定了积阴功的范围，就是人的一言一行、一举一动，甚至任何一个或善良或邪恶的念头都可能导致积累抑或折损阴功。道教借此教育人们应该时时、刻刻、处处警戒自己，号召人们要注意及时行善、积阴功，无论社会生活、人际交往，还是处理人与自然关系问题上，都要注意避开坏事、恶行，要做好事，行善行。

既然道教要提倡、鼓励积阴功，就有必要对积阴功、损阴功进行考察和记录，但事实上又没有一个绝对、权

道教是我国土生土长的传统宗教，它伴随着中国的历史走过了几千年的长河，它不但承袭了中国古老的原始宗教思想，也吸收了民间的巫术、方术。道都的最高理想是得道升仙，追求一种超生死、超时空的神仙境界。此图是重庆南山老君洞七七四十九化故事泥塑群。

关键词　劝善行道　阴功　报应　因果观念

道教书《太上感应篇》把“天上感应”等儒家思想，融入佛教的报应观念之中，提出“善恶感功天地，必有报应”等思想。这两幅五代时期的敦煌壁画描写的是身处阎王殿的目连所看到的情景(右页图)，目连父母由于生前作业不同，死后父在天，母则下了地狱(上图)。

威的人或势力履行此类职责。于是，道教就宣传神明对人们修道的监察作用，对于神明的监察也幻想和制定出一个系统。在《太上感应篇》中记载着天地之间有专门负责记录人们过失的神灵，按照世间的人犯过失轻重，来剥夺他们的寿命、财富，使他们碰上灾祸、失去周围人的好感，遇到牢狱之灾。神明监督着世间每一个信徒，根据他们的善恶行为来施行一定的报应。有人干好事时让别人知道，但在独自一人身边没有人监督时，便会干一些坏事，以为别人不知道，就不会得到惩罚了。道教教义认为，善恶的行为都逃避不了因果报应的法则，阴功阴恶，人也许不能都知道，天地神明却不可能不知道。

道教提倡行善，认为行善的结果不仅利人，而且利己，是对自己人格的充实，为人行善其实在为自己的修

道家重视道德修养是为了让个体忘记道德，进而达到自由的形而上的境界。

行完满准备条件。只有劝善才能行道，才具有行善的主动性。道教强调因果，认为人的言行思想对他自身、未来都会造成影响。在这里，道教和其他的宗教（如佛教）有着殊途同归的效果。

然而道教富有特色的是，它看到了中国人重视家族观念这一点，于是把报应和家族的命运联系在一起。在它的教义里，阐述了个人的荣辱和家族的命运之间的密切关系，宣传一个积善的家族一定会有多余的福气留给后代，即“泽及后人”；而总是积累邪恶的家族，祸害就是这一代没有被报应，也一定会留给后代。因此，人们在世的时候要与人为善；恶人的子孙，更要迁善改过，努

道教修行者要对自己积的功、犯的过有详细的记录和备案，于是有了“功过簿”。

力修正前人所犯下的过错，皈依大道，才能消除“戾气”——恶气，转祸为福。因果观念是道教行善、劝善行道人生准则中的重要手段，也是得以传播并普及化的重要思想基础。

道教提出了道门的行善准则，同时也提出了他们对什么是善，什么是恶的理解。道教的善是“慈心于物，恕己及人”，有己所不欲，勿施于人之意。表示要对事物保持慈爱的心，宽恕别人就像对待自己一样。在《抱朴子内篇》中，描述到人们要以慈爱的心对待万事万物，学会用自己的心体谅别人，同情哪怕弱小如昆虫之类的生灵。为人处世，看到别人幸福，自己也应感到快乐，看到别人痛苦，自己也觉得难过，并且尽可能的帮助别人解决急难，救济穷困的人，不杀生，不惹事，不嫉妒别人的成果，不幸灾乐祸，不嘲笑别人、贬低别人。这样带着善心存活于世间，才是真正的善，才有希望得道成仙。

根据这样的行善准则，道教指导它的信徒，从大事着眼、小事着手，认为善或者恶虽然小，积累起来便会很多；做一个好人，要一直做好事，不是一时兴起，还要时刻提防自己的欲望，不让自己做坏事。这一点在中国传统文化中得到体现，如刘备的“勿以恶小而为之，勿以善小而不为”就被后人广为引用。道教认为人的德性通过长期修养才能完善，时时注意小的恶事或者小的善事，自然而然会培养出自己渐渐完善的德性和修养。

那么如何行道呢？道教主张，信徒们要对社会公益事业保持热心的态度，修桥补路也好，收葬无主的尸骨、救济孤寡也好，都是行道的方式，道门有专门的劝善行道书。道教还针对不同的职业提出和提倡不同的职业道德，如做商人，不能短秤；做农夫，最好不杀耕牛；做读书人敬惜有字的纸，表示尊重文化。

道教的因和果

道教将因果分成出世因果和世间因果两类。出世间，从宏观论，智能为因，解脱为果。此果指的是道果。世间因果，从微观论，善恶为因，苦乐为果。种下恶因，必定得恶报，其最终必定为苦果；种下善因得善报，最终之果为乐果。大多情况下人们关注的只是世间因果，但作为修道者两者都得考虑。在人世间，只要牢记因果报应之事，多行善、积德，就可以远离苦果，而且还能进一步修炼大智能，最终获得大功德、大道果。

据《功过格》记载，赈济鳏寡孤独穷民百钱为一功，周济饥渴的人饮食算作一功。

乘龙图

龙是道教尊奉的神物，此图表现的是得道成仙的情景。

己的欲望，不能带自私的心，不能有追求荣华富贵的动机。道教还制定《功过格》，将功德和过失都加以量化，方便每个修道的人可以从自己的行为评价自己过和功哪个更多一些。道教中的历代高士对其反复研究、改进，使《功过格》这种量化的方法成为具有道教特色的修身工具。

除了道教对信徒在人生准则上劝善行道的要求，道士比一般信徒有更高的道德要求。所以他们被规定要守道戒。不管在道德修养方面，还是日常生活、

要一心遵守职业所需要的道德规范、相关的戒条，不能挣昧心的钱。这些劝善修道的详细规则，要求人们能够从自身做起，然后逐步养成行善的习惯。

道教要求人们作为人生准则的要善、要修道，然而如何实现呢？要时时戒省，不时地提醒自己，修德要靠自己，别人不能代替；要持之以恒，碰到困难，要鼓励自己克服，不能半途而废；要经得起时间的考验，经得住外界的干扰和诱惑，多行善，不做恶事，有错误，马上改正；要少私寡欲，减少自

行为中，道士们都是随着修道程度的不同，受着严格程度不相同的各种戒律的约束，他们各自遵守着符合自己身份的规范。这些戒律既是道士们生活、工作、宗教活动的准则，也是行善、修道的一个标准。

道教对善有自己的理解，强调行善，劝自己的门徒去“善”，怀有慈爱的心面对整个世界，所有生灵；运用包括戒律、因果学说在内的一切手段，使人都坚信只要这样做终究有一日通过神灵的监察，得道成仙。

国安民丰，欣乐太平

——道教的社会理想

太平内涵：大道流行、去兵去战
分配主张：均平
人与自然：天人合一、保护环境
施政方针：清静无为

弋射衣箱 战国早期 曾侯乙墓

弋射是用绳系箭射鸟的意思，此箱上绘有弋射的图像和祈求天象太平的文字。

道教向往太平，道教徒的理想是国安民丰，欣乐太平的盛世。道教早期的经典《太平经》就是以太平为宗旨，来宣传他们的太平思想。而太平盛世具体指代什么呢？道教一直有自己的独特理解。

关于太平，道教教义有自己的诠释，“太平”就是“大道流行”。道教认为太平盛世是每个人都向往的，可为什么人们碰到的太平盛世却如此之少呢？主要是因为“大道”的不行——社会的实际运作和大道不合或者背道而驰。如果依照万物固有的规律施政行事，道法自然，社会就会安定，人际关系也会变得和谐起来。世界上有许多争吵扰攘、暴乱、冲突和战争，在道教看来，都是没有按照大道来行事、逆道而行造成的恶果。如果大家都以行道、合道为目标，磨擦便会减少；学会相互协调，战争、祸乱也会慢慢地消失。因此，道教认为统治者或者说整个统治集团制定的统治政策合乎大道，顺其自然是达到太平盛世的关键。

东汉时正一道（道教的一个派别）的领袖张陵说，国家治理得好，说明其君主一定是努力修道的，只有这样忠臣们才会努力辅助他。推行大道，天下才会大治。只有普及了道，充裕了德，太平世界才会到来。道教认为只要是君主贤能，而且能够用心行道，社会总会显现出一幅太平盛世的景象；另一方面，

关键词 太平 正道 均平 天人合一 清静无为

君主不知道依照道来行事，乱行法令和政策，就一定给社会造成混乱，严重的甚至亡国。而“道”和“德”究竟是什么，怎么样尽可能地依照“道”和“德”的要求施政治国，则需要统治者认真地发现和领悟。

道教认为，道无处不在，只是道的具体表现形式不同而已。鉴于道本来朴素无华，建立太平社会也必须返璞归真，回归大道赋予人和人类社会本来的朴素面貌。建立太平社会，就是一个人性复归的过程，实现太平就是恢复美好、淳朴的民风民俗的历史过程。

道教设想的太平盛世是没有战争的，即“去兵去战”。道教反对战争，它认为战争给百姓们带来的只是灾难。尤其是不义的战争，除了无情的杀戮，社会文化的破坏，对老百姓没有任何好处。道教从老子开始就强烈反对战争，提倡“休兵”，抱定这样的信仰：兵革是不祥的东西，大家都厌恶它，有道的人不要去使用战争的手段。当然对于非正义的战争，道教徒也不迂腐，他们认为应该加以适当还击以主持“正道”。

在道教所构想的太平社会里，人与人之间是平等和友爱的。道教对平等的理解有自己的特色。他们认为，人人都

世间惟有成仙好，没有方士哪得了 汉代墓室壁画

此图为汉代人们想象中的飞升成仙图。

《太平经》是道教早期经典著作，主要阐述了精、气、神三者合一的长生不死的神仙思想。

张果见明皇　元　任仁发

此图描绘唐玄宗李隆基与神话传说中的八仙之一张果老相见的传奇故事，事出《明皇杂录》。唐玄宗相貌堂堂，身着黄袍，坐圈椅上，侍者五人立于左右。与玄宗对坐者为张果老，他白髯高冠，身着紫衣，面带笑容，正在向玄宗讲道。

是由大道化生而来的，一切众生从道性、本原上来说都是一样的。因此人们生来都是平等的，所以不应该有差别之心存在，更不能相互对立或者相互仇视；而是应该有对别人的关爱之心。如果人们能一视同仁，慈爱地相互对待，不是骨肉也会成为亲人。

道教由“人人平等”的朴素思想衍生出可贵的“均平”思想，这一思想落实在对社会分配上他们主张公平。更为难能可贵的是，道教的“均平”并不是绝对的平均主义，而是提倡每个人都有通过正当途径获取社会财富的权利与机会，但反对社会财富占有的两极分化。因此，道教反对政府对民众剥削过重，主张政府给予人民生存的空间、机会和尽可能幸福安详的生活。在道教的理想中，政府应该是清廉的公众机构，而不是对民众竭泽而渔式的剥削者。

太平盛世不仅体现在社会生活中人和人的关系上，还应体现在人与自然的关系上。“天人合一，保护环境”，是道教在这方面的观点，也是太平盛世的重要组成部分。道教认为，社会并不是孤立地存在于自然界之外，而是与自然界紧密地联系在一起。自然界是人类社会赖以生存的基础。能否正确处理人与自然的关系，关系到社会是否安宁，人民是否幸福的根本。道教从人与天地万物都源自元气的观点出发，强调人与自然合一，尽可能地保护自然，要求不要人为地破坏自然。在道教的经典著作中，

夫帝王乃承天心而治，一当称天心，不称天心为过。

人与自然统一的思想屡见不鲜。

在道教典籍中，多有这样的描述：在风俗质朴的时代里，百姓的行为安稳持重，除了吃饱穿暖以外别无他求，所以山上没有路，草木茂盛，禽兽众多，河里没有船只和桥梁，万事万物自然地存在着，各不相犯，和谐共存。人没有害禽兽的心，禽兽也不怕人，人类与禽兽同住在一起，天地万物同聚一处，欣乐太平。这种最初的淳朴未逝的至治之世，没有危机，没有战乱，人与自然也非常和谐，万物合一，是美好的世界。而人们一旦开始改造自然，物种就慢慢少了起来。物种少了，人们的生活也就跟着贫困起来。道教把天地万物自然和谐的状态看做富足的标志，极度强调了保护环境、保护物种多样性的重要性。由此可见，道教崇拜自然，热爱自然，在他们的太平盛世里，自然是无比美好的，并和人是息息相关的。因此，道教修行者居住活动的地方，总是对自然环境保护得很好。在人类生存的环境遭受严重破坏的今天，道教的这些思想具有极其重要的现实意义。

道教在实现和维护太平盛世的措施和施政方针方面，主张清静无为。什么是清静呢？“清静”被认为是道的本性，要体察大道运行的规律，人必须做到内心的清静，以期和大道相合，掌握了道，就算取得了治国的根本，得道的人便可以做天下的楷模。道教有这样一

知识点击

汉代清静无为的统治政策

历代的道教门徒都积极主张清静无为的治世原则，一旦有机会推行自己的政治主张，他们总是在施政时竭力宣传并执行清静无为的方针政策。

西汉初年，由于秦王朝的横征暴敛和残酷刑罚，又加上多年的战争，社会凋零残破，人民生活困苦不堪。宰相曹参很早就向著名的道家学者盖公学习，当政后大力推行清静无为的政策，政务要求务必清简。汉文帝时这一政策进一步完善，统治者继续采取轻徭薄赋、与民休息的方针，结果社会生产力得到恢复和发展，国家的财力也有很大充实。几十年下来，国库里的钱不断积累，甚至连穿钱的绳子都烂了。

东汉末年，正一道在首领张陵领导下一度建立了政教合一的割据政权，也清简苛刑和赋税。对犯法的人要原谅他三次，再加惩罚。行刑的办法也很轻简，一般是依照其罪大小，或让他修路，或罚他苦役，同时向神坦白罪过祈求原谅。这些清简的政治措施，在全国战乱的形势下，也给了民众休养生息的机会，受到民众的欢迎。

返璞归真是要修炼道德，回复到原来的纯朴本真状态。

句话，“清静为天下正”。清静与道是一致的，因此道教提倡人要效法天地自然的道理，不可以总是强行作为，躁动不安，而要时常追求清静。怎样才能做到清静呢？无欲才能清静，所谓“无欲”就是清心寡欲。无论是对于修道者来说，还是对于社会和政府的领导者来说，清心寡欲都是十分重要也是必备的素质。与此同时，道教强调无为而治。无为，不是无所作为，是指施政治国要顺乎自然，不能违背规律。统治者要清简政务，尽可能地减少政治措施对社会、对民众的作用。对人民群众的生活、生产活动，不要有太多的干涉，尽量不要去干扰世间万物的正常秩序，而是让它们顺着自然的法则去运行。道教认为，这样社会和自然界就不会有冲突，也不会有战争和祸乱。

刺绣八仙纹寿 清

长寿历来是人们的理想之一，在道教中它被尊为依遁“天地之道”，顺应万物的自然顺序，平静地接受任何毁誉者的标志。

清静无为的政治主张，保护环境，与自然保持和谐，追求平等，希望没有战争，人与人之间关爱有加，这些都是道教对盛世独具特色的诠释，是对人类最美好社会的想象。千百年来，只要有机会发表言论，著书立说，有机会参政议政，道教徒总是这样宣传自己的宗教思想和管理社会的主张，因为这是所有信仰道教的人心目中最理想的社会。

人与人之间的“十不”准则

道教认为做到“十不”，才能实现真正的人与人之间的平等和关爱，才可以达到“国安民丰，欣乐太平”的境界。“十不”是指：

不杀——不断人性命；

不害——不伤害别人；

不嫉——不厌恶别人胜过自己；

不妒——不憎恨与自己才能地位相等的人；

不淫——不发生非法的男女关系；

不盗——不偷窃别人的财物；

不贪——克制自己的欲望，不会贪得无厌；

不欲——没有不良的嗜好；

不憎——不轻易憎恨别人；

不疑——不猜疑别人。

在这样的基础上，还要做到不花言巧语，不说粗话等。

且喜人间事不喧

——我命在我的道教养生

养生理念：我命在我不在天
研究基础：精、气、神
养生思想：顺从自然
养生原则：性命双修、知足常乐

养生气功导引图

道教养生学是道教徒在追求长生成仙和济世度人信仰目标过程中，通过无数实践积累起的保持身心健康的方法，包含着多种多样的形式和内容，是一种综合性的养生学模式。图中主要表现肢体导引动作，欲通过结合运气调息、叩齿咽津等养生气功方法，达到祛除疾病和养元气炼元神的目的。

道教养生学不仅关注人的精神，还珍重人的肉体躯壳，它在给人以精神慰藉的同时，还提供保持健康、延年益寿的途径和手段，这是道教跟其他宗教的主要区别之一。

道教强调“我命在我”，认为人可以通过修道了解和认识“生——死”这一规律，进一步研究、探索、掌握这种规律就可以延年益寿，甚至可以突破生死大限，长生不老。东晋时期，道教就已经完整地提出“我命在我不在天”的养生理念。他们认为维持生命存在最重要的在于“精、气、神”的存续和旺盛，只要人能保住“精、气、神”的持续和经久不衰，自然就会长生不老，从而挣脱自然生死的规律，实现对自己生命的掌握和控制。因此对于如何保持“精、气、神”的持久，历

关键词 养生 导引 按摩 辟谷 存想 房中术

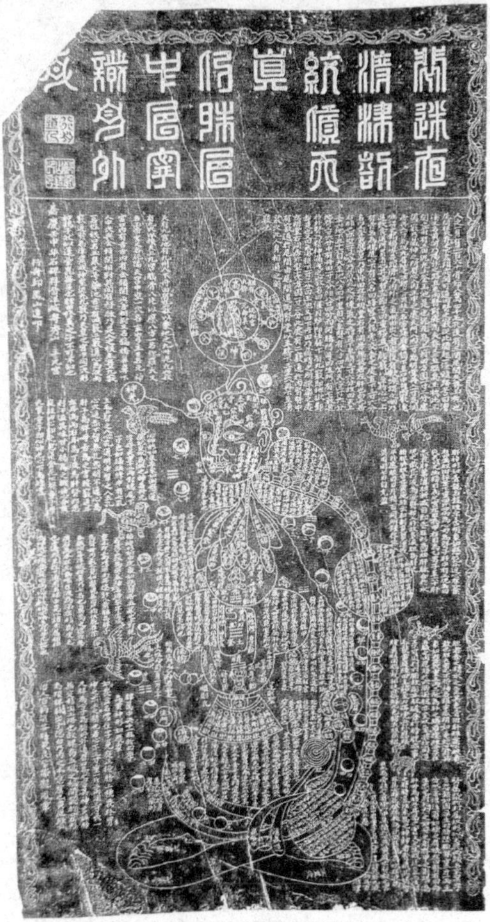

练功碑 清嘉庆壬申年

此碑刻内容对道家讲解内丹所涉及的人体部位及五脏的功能作了阐述，对练气养生有着重要意义。

代道教高人都进行过系统研究，总结出一系列养生方法，如清心寡欲、柔弱不争等，有的还发明了修炼“法身”的绝秘丹道功法。

道教养生的出现，建立在对人类身体健康的认识上。道教修炼的最终目标是成为神仙。按照神仙信仰的说法，神仙就是个体生命的无限延长，即永远不会死。而在无限延长之前，人体生命一定得是健康的，长寿了才有成仙的可能。目光炯炯、鹤发童颜、步履轻盈，象征着仙风道骨；而面黄肌瘦、疾病缠身的人，是不可能顿悟成仙的。因此，保持健康才能成仙，如何保持，这就需要养生。

除此之外，养生思想的出现与道士本身的生活实际需要也有一定关系。古代不少道士都是生活在穷乡僻壤，有些道士甚至选择居住在山上陡峭的岩壁或潮湿的洞穴里；还有的道士为了采药、访道，跋山涉水，风餐露宿。因此他们必须掌握一定的医药养生知识，才能抗拒艰苦恶劣的环境。否则一旦疾病侵袭，而又不能自医自救，根本无法生存。道士们在学道、传道的过程中几乎都是“兼修医术”。在他们的医术中，自然不可避免的涉及养生。

道教的养生思想，千百年来不断地总结和补充，已经成为中华民族一份宝贵的遗产。有些至今可以为养生的人提供借鉴。其中包括：顺从自然，生活起居效法自然；与气象条件、地理环境和季节变化等自然条件保持和谐；树立信心，认识到养生的重要性，爱惜自己的生命，积极地跟疾病与衰老作

道教养生术分为练神类、气法类、内丹类、动功类、辟谷类、道医类、房中类和金丹类等。

斗争；着眼于预防，在疾病到来之前，就做好迎战病魔的准备，尽量爱护自己的身体；尽早养生，从年轻时、健康时就开始养生；性命双修，不仅重视生理养生，还要重视精神、道德和心理养生，要知足常乐。道教的修炼方法都注意从小处入手，防微杜渐。这种从极细微处着手，简便易行、随处可作的养生方法，对促进人的身体健康极有益处。

一方面道教养生术告诉人们应该做什么，怎么做；另一方面，它告诫人们不应该做什么。总的来说，就是要注意养生的诸多禁忌，不要做损害身体健康的事，无论是心理上的，还是衣食住行的各个方面。在养生过程中，应该遵守节制，减少欲望，同时避免外界自然对身体造成疾病和伤害，选择适宜的居室、环境。这些原则是最为基本的。道教养生学认为，还要注意按照四时的变化和生理周期适当地进行休养调养——顺应四季阴阳的消长、气候和生理变化进行养生，如早睡早起，注意季节天气的变化；注意食养——通过调整饮食来养生；反对暴饮暴食和过分油腻，主张多吃新鲜的蔬菜、野生的瓜果，还要注意食物之间的搭配。

道教门徒认为服食丹药可求长生不老，道经记载了很多人通过服食丹药成仙的故事。东汉时王充著的《论衡·道虚》曾记载，淮南王刘安服食仙丹后

知识点击

食疗的历史

中国食疗的历史非常悠久，马王堆的帛书中就记载了许多关于食疗的处方。现存最早的食疗专论出现在药王孙思邈的医学著作中，在其《千金要方》中有《食治》一文，《千金翼方》中有《养老食疗》一节。道教养生学极其重视食疗。高道孙思邈对比药疗和食疗时说，治病图快必须依靠药物，但维持生命还是要靠食物，如若不懂食疗则不足以存生、养生。他认为调节饮食的方法是极高明的养生术。道教的养生之道，主张药疗和食养并用，并且先食后药。先食后药即先食疗，若无效，再药疗。补虚也主张“药补不如食补”。

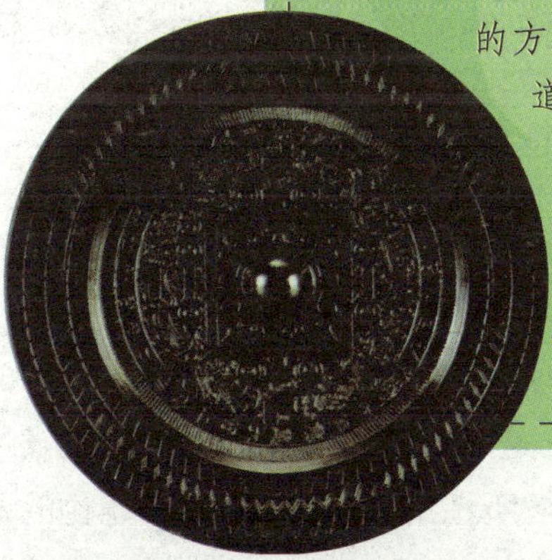

“仙人饮玉泉”铜镜

铜镜上有铭文“尚方作镜真大好，上有仙人不知老，渴饮玉泉饥食枣”，这表现了道教的饮食方法，即通常不食五谷，也就是所谓的辟谷之术，饥渴则服食药物（大枣），或通过“叩齿咽液”的导引之术达到“无有饥渴”的状态，以达到成仙的目的。

道教养生学广义上包括道教生命观、神仙理论以及成仙的方术。

一人得道，鸡犬升天

刘安是汉高祖刘邦的孙子，世袭淮南王的王位。他非常爱好炼丹修道，与门客常在八公山中著书立说，研究天象，编制历法，冶丹炼沙。相传一日，刘安与门客八人炼成仙丹，服食后得道成仙。王府的鸡和狗吃了丹药后，也都升了天。

飞升成仙，他家里的鸡和狗吃了剩下的丹药也升了天。这就是“一人得道，鸡犬升天”的由来。那么所谓的丹药是什么物质呢？据说，不同时期、不同修炼家炼制的丹药成分也是不同的，大都包含丹砂、金、银、玉等矿物质，炼丹家用一定的方法将之化为液体，融合在一起制成“仙丹”。道士在长期的炼制、服食炼药过程中，对许多矿物、动物和植物的药性了解较深，留下很多非常有价值的养生学方案。

具体而言，道教的养生学主要包括导引、按摩、辟谷、存想、房中术等几大方面。所谓“导引”，就是通过四肢和身体按特定规则运动，引导身体中的邪气，将其排出体外。导引作为一种养生健身术，战国时期已经比较普及。后来道教将导引作为养生的方法之一，用以强筋健骨、祛病除劳。到了三国时期，华佗发明的“五禽戏”，就是模仿五种动物的动作进行锻炼。五禽戏成为

辟谷大略可分为辟谷后服气、辟谷后饮水、辟谷后服食药物三种。

导引养生的范例。其实，导引在养生健体方面广为运用。现代体操、气功也在大量运用导引之法。导引还用于武术领域，如直到现在还风行全世界的养生太极拳。

道教养生中，把按摩放在重要位置。按摩，泛泛地说就是用手对身体各个部位施以推、搓、揉、捏、击、拉，以此进行治疗和保健。按摩可以由他人为自己按摩，也可以自我按摩。按摩确实可以使气血通畅，驱除疾病，强身健体。道教还非常重视行气，行气是一种养生术，一般认为是一种特殊的呼吸法，也称为服气、食气、吞气、炼气等。

辟谷也是一种修炼方法，简而言之，就是不吃五谷杂粮、肉禽奶蛋、蔬菜等日常食物。这种方术认为，食用日常食物虽能维持生命的新陈代谢，却不利于长生不死；另一方面，道教养生学认为日常食物会在肠胃中留下有害渣滓，导致上火，火旺则寿减。这种修炼方法要求人不吃日常食物，只是服气或者只吃丹药等。

道教养生方术中，还有“存想”一说。存想又叫存思，就是闭目静思某一特定的对象，做到不用眼睛而“看见”它，即冥想、幻想。存想往往包括叩齿、念咒、咽气等辅助手段。道教修炼家认为，存想不仅可以养生，还能预知吉凶，去恶获福，长生成仙。其实，存想

辟谷仙人像

辟谷仙人为道教神祇。道家主张天地之气清澈，而食气能举形轻飞，升入仙籍，所以应当“辟谷”、“绝粒”。道教辟谷之士在长期的辟谷修炼中，为取得较好的辟谷养生目的，还利用各种药物，炮制了大量的“辟谷方”、“休粮方”，并用于辟谷修炼过程。据传说汉末方士有不少善辟谷，修道成仙的。

华佗与五禽戏的传说

五禽戏是一种养生术，也是一套用于医疗、体育锻炼的方法。据说，华佗喜欢研究治病救人的医术，也喜欢拜师求道。访寻了好多年，他没有遇到神奇的仙人，却看到了许多生机勃勃的动物，如鹿、鹤、猿等。它们奔跑戏耍的欢快情景给他留下了深刻的印象。一次，他为了求道来到公宜山，得到两位仙人的指点，并得到了一本医书。华佗仔细研究了这本书，发现其中记载了许多养生健身方法，其中之一就是五禽戏。华佗一看到五禽戏，便每日依法演练，即把几年间游历山川所见到的猿、鹿、鹤、熊、虎等栩栩如生的形象重新展现一遍。日复一日，年复一年，华佗始终坚持演练五禽戏，收到了意想不到的良好效果。后来，他把五禽戏传给弟子们。据说，其中的吴普得到真传后坚持练习，直到九十多岁时还耳聪目明，牙齿坚固；而樊阿年已过百时头发胡须还乌黑，目光炯炯，精神气力也异常旺盛。

相当于佛教的打坐，主要作用是让自己的心境平静下来。

道教的修炼、养生之道，与其他宗教相比，最大的特色莫过于其对房中术的重视。道教所谓的房中术是性卫生、性心理、性技巧以及性伦理的总称，是一种性的艺术。道教把它作为养生手段之一，或者作为一种辅助手段，是有积极意义的。承认规律、健康的性生活对人类身心健康的作用，是道教重视和尊重个体生命，保持个体生命全面健康的特殊展现；也体现了道教这个土生土长的传统宗教所特有的人文精神。

总之，道教认为生命是可贵的。它爱惜生命，认为生命的完满和身体的健康是自己可以控制的，于是就讲求养生之道，敦促修行者主动保护自己身体，使之健康而持久、充满活力。道教的这些思想，以及养生的具体方法和理论，对于今天的我们仍然具有参考价值和指导意义。

骨锥、骨针、骨网坠

图为1978年西藏自治区昌都县卡若村出土的新石器时代的骨制工具。这些磨制精细的骨针、骨锥、骨网坠很有特色。其中，骨针除了用来缝制衣服外，还有可能被当做针刺工具用于疗伤止痛。

道教重生恶死，相信人坚持修炼可成仙。

药鼎神仙路

——外丹修炼

炼丹首创：汉武帝时期
炼丹工艺：金丹黄白术
炼丹专著：《太清金液神丹方》、《黄帝九鼎神丹经》

道教炼养的方法包括内修和外养两大类，而以服食药物求长生的方法属于外养，外丹修炼就是外养的一种。外丹修炼是由道教养生术的一种——服食发展形成的。道教的门徒都想得道成仙，并且认为通过服食丹药、仙丹，可以早日升入神仙的殿堂，列入仙班。

外丹大致兴起于战国时期。最初，服食大多是一些草木药，《列仙传》中所列神仙，绝大部分是靠服食草木药升入仙班的。到了汉武帝的时候，开始有人造仙丹出现。道教继承了这些传统，把服食仙药的做法推而广之。魏晋时期这种修炼方术尤其盛行。葛洪的著作里，有一篇《抱朴子内篇·仙药》专门谈论服食。其中列举了上百种服食药材，连《道藏》里也收载了许多服食药方。

道教的服食，包括草木药石和营养品两大部类。道教服食十分仔细，不同的季节又有不同的讲究，具体服用的时候更是细致，连饮茶喝水，都有特

青花云鹤八仙图葫芦瓶 明

随着对道教的尊崇，对丹术的迷恋，用来盛装仙丹的葫芦瓶也风行一时。

关键词 外丹 约斋盟誓 金丹黄白术 飞炼法

殊的规定。服食大多和练功配合起来，强调务必要协调一致，所谓三分用药七分内养。

在服食基础上形成的道教“外丹”，是用铅汞及其他药物配制后，放在特制的鼎炉中烧炼而成的化合物。初步炼成的叫“丹头”，只能作为点化之用，还不能服食。再进一步的烧炼，炼成了服食的丹药，就是“金丹”。道教认为长期服用金丹后，就可以长生不老，服用上成的金丹加上自我的修炼，就会变成神仙。

老子传铅汞仙丹之道图

图中所绘为老君坐于崖下石台之上，面前有一炼丹用的三足鼎，鼎中开一圆孔，孔内放出一道黄色光柱，黄光中浮着一粒金丹。弟子立于炉前，倾听炼丹之道。

外丹术，由汉武帝时期的李少君首创。李少君曾请汉武帝亲自在丹炉前观看金丹的炼制过程。那时淮南王刘安招集方士编写道教书籍，专门讨论了仙丹的烧炼之术。后来，阴长生、张陵相继写出了《太清金液神丹方》、《黄帝九鼎神丹经》等炼丹专著。可见当时外丹术已经正式成为道教的一项重要修炼方术。外丹术在魏晋南北朝时期获得很大发展。葛洪继承丹道传统，认为长生不死最重要的是炼制仙丹，服食仙丹。《抱朴子内篇》中收录的炼丹法有四五十种，并对东晋以前的外丹术作了基本的概括。到了唐代，外丹术发展到极盛。当时有70多种方法炼制金丹，有金丹的名字但是无法制造的还有20多种。唐太宗、宪宗、穆宗、敬宗、武宗、宣宗等皇帝都是因为服丹药中毒致死，一些大臣杜伏威、李道古、李抱真也都是因服食中毒而亡。可见，那时社会上服食金丹已经到了相当流行的地步。后来的五代梁太祖、南唐烈祖也都因为服食金丹丧命。至此，外丹术由于逐渐被人们怀疑是否有养生和促进成仙的作用，开始衰落。

外丹修炼如此受到推崇，又渐渐走向了衰落。它到底是怎样一个过程

外丹是道教修炼方法之一，与修炼精气神的“内丹”相对。

知识点击

万古丹经王——《周易参同契》

东汉魏伯阳所著《周易参同契》一书，被公认是世界现存最古老的炼丹著作之一。《参同契》形成了一套完整的金丹术理论体系。自唐以后，该书地位越来越高，到了宋被称为“万古丹经王”，在道教内炼典籍中占有举足轻重的地位。这本书分上、中、下三篇，在唐代被推为内丹要籍。本书借助太极、阴阳等学说，论述了火候是阴阳变化的表象、阴阳是炼丹的根基、大丹是阴阳的作用等内丹修炼的根本性问题。这本书的书写用了很多隐语，造成阅读的极大不便，但它是中国现存最早的系统论述丹法的专著。

呢？外丹的具体工艺又称为“金丹黄白术”，“金丹黄白术”是外丹学的基本术语。据考证，所谓“金丹”即外丹家以金石为原料烧炼成的丹药。“丹”即丹砂，就是我们今天所说的红色硫化汞。而金丹指的是能够制作黄金的丹砂。金丹的制作方法，称为“飞炼”法，就是“升华”。“黄白”并不是指真的黄金与白银。道教早期所谓黄金，只是一种黄色的烧炼物，到了唐代人们把这种烧炼物与真的黄金类比，称这种黄色的物体为药金；而烧炼过程中也有白色的凝练物，在道教服食文化中称做药银，或者白银。因此，炼丹又称作黄白术，或者点金术，与炼丹术一起合称金丹术。

道教金丹派认为，金丹延年益寿，埋在地下长久不坏。他们深信服用金丹可以增强修炼者修炼的效果，久而久之就可以长生不老。道教将古老的金丹黄白术发扬光大。魏晋南北朝时期，道教著名的理论家葛洪、陶弘景等人都是有名的炼丹家。

古代的炼丹家烧炼外丹不是随心所欲的，而是有着具体而严格的要求和定规。在整个外丹烧炼过程开始之前，主持者要首先慎重选择炼丹的道士和炼丹的地点，之后进行取土、造炭、造坛等各项工作。先期的工作完成后还要进行一系列虔诚的仪式活动——严格而正规的祭炉、约斋盟誓、合香、醮太一、开炉等。祭炉，就是在开炉炼制丹药之前对丹炉举行祭祷的仪式，即用清酒、鹿脯、香炉、新鲜的水果作为祭品，道士们按一定次序拜服于地焚香祭奠，然后念咒语祷告。祭炉结束后，具体炼丹过程开始前，炼丹家虔诚地发誓：绝对不把丹诀——上天赐给道士的秘诀传给不该传的人，一旦不慎泄漏丹诀，就甘愿受到上天的惩罚，这一过程被称为“约斋盟誓”。在炼丹过程中，还要祭“太一神”。因为丹药被

《抱朴子内篇》是晋代道教学者葛洪撰，书中记述了金丹、黄白、服药、符箓咒等方术。

魏伯阳丹成仙去的传说

东汉末年，江南的魏伯阳与三个弟子在山里隐居炼神丹。神丹炼成了，魏伯阳怀疑弟子们对俗世还有留恋，就说：“丹药炼成了，先给狗吃，看看是否有效。”结果狗吃下立刻倒地而亡。见此情景，伯阳懊丧地对弟子说：“我没有得到仙丹，没脸回我以前的家了。我决定服下这没用的丹药。”于是服下丹药，顷刻就倒下了。

三个弟子互相看看，只有一个人说：“我们的师父一定有其他的暗示。”说完拿起丹药就服了下去，也倒下了。剩下的两位弟子商量说：“吃金丹是为了追求长生，现在他们吃了却死了，我们干什么还要吃它呢？”于是二人没吃金丹，一起出山，打算给师父和师兄找两副棺木。

两位弟子离开以后，伯阳立即活过来了。原来他是假死，以此试探弟子的。这时他把真的丹药放入死去的弟子和白狗口中，师徒二人和白狗一起成了神仙。

视为神仙赐给人们得以成仙的物品，所以不祭祀，丹药是没有办法炼成的；即便炼成，丹药之中也不可能有神力，人服食了也不会有特殊的效果。丹药炼制成功之后，开炉也要很慎重，同样有一系列繁琐的禁忌与仪轨。一般来说，炼丹家必须先沐浴，而后斋戒，身上披着道袍，头带星冠，面朝南方，跪捧丹炉，焚香净身，对着各位神仙念起咒语进行祷告，待得到神明的启示后方可开炉。炼丹的仪式，已经成为道教文化中一道独特的风景。对于道教以外的俗人而言，可能极具观赏价值。

外丹的具体炼制方法有细致的分类，最主要的方法有：飞、升、抽、伏、点、关、养、煮、炼、锻、研、封等几十种。对于炼制的具体步骤，也分为进阳火、退阴符、采药、炼药等不同种类。道教外丹的火候、质地衡量的标准同样很有特色，它主要是讲“转数”，比如说“九转金丹”，表明在炼制过程中有九次显著变化，即质的飞跃。

炼丹同其他许多法事活动一样有许多禁忌。炼丹被认为是从神仙那里得到赐给人间的仙药，所以是一件非常神圣的事，唯恐其间发生什么闪失，所以形成了许多禁忌，如用火禁忌，炼丹用火的丹房的方位选定要与五行相映；炼丹时严格禁止女子、僧尼、家禽的进入等。炼丹的时候，要点燃一炷信香，并要保证它在炼丹过程中始终不能熄灭。进丹房之前，绝不可以吃葱蒜之类带有刺激性气味的食物；进入丹房时，必须换上新的、干净的鞋子和衣服。总之，要绝对干净、吉祥，不能有任何实质上和意念上的污秽。在丹炉

道教外丹的火候是以“转数”作为衡量的重要标准的。

起火时，炼丹家还要念祝祷文，同时讲究起火炼丹的时间、火候，禁忌风雨雷霆，不能听到有人哭泣，不可看到血腥的东西。这些禁忌基本上都是出于信仰，是出于对神的虔诚，也是对未知神的敬畏。

外丹术是道教修炼的主要方术之一，盛行了上千年。丹药到底能不能让人长生或者成仙呢？今天我们知道他们的努力是注定要失败的，然而在长期的烧炼实践中，产生了大量的与炼丹相关的故事、传说、仪式，丰富了我国的古代文化，是我们考察历史的一种活化石。另外，炼丹、外丹术为我国传统药物学和古化学的发展做出了突出的贡献，这远远胜过了他们在养生学上的贡献。

龙王向孙思邈献方图

此为《耀州华原县孙真人祠记》碑额，原碑刻于北宋元丰四年（1081年），金大定九年（1169年）重刻。碑上所刻为孙思邈“救昆明池龙难”神话中一节，表现池龙奉献龙王仙方于孙氏的情景。

唐末五代时内丹学兴起，以人身的精、气、神为大药炼丹，也称金丹派。

龙虎风云会

——内丹修炼

炼丹“原料”：精、气、神
炼丹原则：性命双修
内丹流派：南派（张伯端为代表）、北派（王重阳为代表）

道教的丹术源远流长，除了外丹，还有更为注重内在修炼的内丹。什么是内丹呢？内丹，是道教的方术之一。它相对于“外丹”而言，即人体之内的“金丹”。内丹术把人的身体看成一个大大的丹炉，主张通过修炼从人体本身寻找基本的原材料，汲取自身的精气而得到一种内在药物。

吕洞宾瓷像 清代

吕洞宾是唐代著名道士，姓吕，名岩，字洞宾，号纯阳子，浦州永乐人，生于唐德宗贞元（796年）。据说母亲生他时，满屋异香，仙乐阵阵，一只白鹤自天而降，飞入帐中。吕洞宾在内丹修炼上有着很高的造诣。

内丹派代表人物吕洞宾

吕洞宾，是道教内丹派的重要代表。他自小聪明过人，一天能读书万卷，且过目不忘。长大后，一次他游览庐山，碰到了火龙真人。真人传授给他天遁剑法。吕洞宾从此行侠丈义，64岁时在长安碰到了云房先生汉钟离。二人一见如故，便一同留宿在酒肆中。次日一早，云房先生为他做饭，吕洞宾睡着未醒，梦见自己中了状元，在官场上频频加官进爵，享尽了荣华富贵。突然间又犯了罪，妻离子散，所有财产都失去了，穷苦潦倒，濒临死亡的边缘。梦醒后，在汉钟离的启发下，吕洞宾悟到人生不过是一场梦而已，于是下决心和汉钟离学道。在对其进行了“十试”的考验之后，汉钟离教授他道法。吕洞宾有了道术和天遁剑法，斩妖除害为民造福的本领更强了。后来，吕洞宾在推行道法的同时进行内丹的研究和推广，成为道教内丹派的主要代表。

关键词 内丹 元气 元神 性命双修 调息 得药 圣胎

人体的精气神被当作炼内丹的原材料，道教修炼家们力图通过对人自身提供的原材料进行加工和淬炼，从中得到滋补人体的大药。关于内丹的构想、理论以及实践方面的经验汇总形成了炼制内丹的一整套系统方法。狭义的内丹指的是人体内的丹药，而在广义上也表示体内炼制丹药的具体程序步骤及其相关理论。

内丹学的起源，最早可以追溯到上古的阴康氏。据说，那时为了消除连绵的阴雨给人体（尤其是关节部位等）带来的危害，阴康氏发明了“引舞”，作为导引气血运行的方式，这实质上就是一种自我修炼的方法。调养的方法也是内丹的最早形式之一。远古时代，黄帝曾修炼过移精变气，是后来的内丹学“炼精化气”的雏形。《庄子》中有“心斋”、“坐忘”等早期内丹术的记载；汉代魏伯阳的《周易参同契》出现过“还丹”一词，其内涵包括 “外丹”和“内丹”；南北朝时，内丹术广为流行。一直流传至今的“八仙过海”传说，其中的汉钟离、吕洞宾等人就是内丹修炼的行家。他们提出炼内丹的思路，即把人体当作一个大丹炉，进行调养、修炼。他们的思想不仅在当时颇为受人重视，也影响到后来道教内丹理论的发展；到宋代，陈抟、张伯端、王重阳等高道力主炼内丹。此后，关于内丹的著作纷纷出现，并且形成了许多流派，内丹学逐渐丰富并普及开来。

道家内丹流派派别有：南派，以张伯端为宗祖的金丹派，流行于南宋，以修炼内丹为宗旨；北派，以王重阳所创的全真派内丹流派为主，活动在北方。北派下面又分七大支派，如丘处机的“龙门派”，马钰的“遇山派”，孙不二的“清净派”等，七支派以龙门派势力最大。另外，还出现了所谓中派，即李道纯结合南北二宗之学，对内丹进行大量研究创立的“先天派”。明神宗年间的陆西星，自称得到了吕洞宾的真传，著成《方壶外史》，主张阴阳双修，发扬内丹学，创立了“内丹东派”。五代到北宋间的高道陈抟，开创“老华山派”，他的鲜明之处在于“睡功内丹修炼法”。另外还有张三丰创立的三丰派丹法。

虽然各个派别都有自己的建树，但都以人的精、气、神作为炼丹的基本材料，非常注重精神状态的调理与呼吸方法的运用，追求包括气血通畅、精神愉悦、身体强健等全方位的健康。长期以来，道教认为精、气、神是性命之根本，所以内丹学又称为性命之学。

具体而言，道教修炼家把人体当

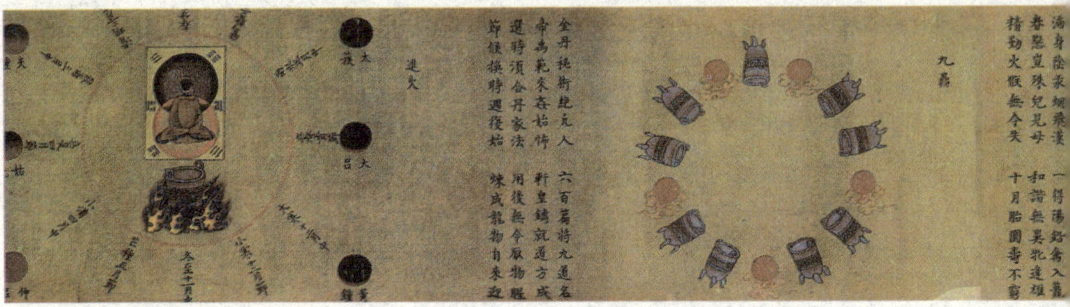

做一个大丹炉，又把丹炉当成一个浓缩的宇宙，因此认为宇宙运行的规律，于人体中也是适用的。在实际内容方面，道教内丹学总结了一套对于人体健康极为有用的修炼方法，在形式上基本效法的是自然运行规律。尽管如此，其中有一些理论纯属主观臆想，但是在长期的实践修补过程中，也的确积累了一些对身心健康有特殊作用的具体方法。

精、气、神，是道教内丹学的关键，被认为是人体的“三宝”。所谓“精”指的是构成人体生命组织的精华，有先天的也有后天形成的。所谓“气”也有

五气朝元中，“五气”指的是心、肝、肾、肺、脾这五脏之气。

中国古代道士内丹修炼图

内丹相对外丹而言，又称修炼龙虎、吐纳、胎息之术等。道门中人从天人相应的立场出发，认为人体与宏观宇宙是相对应的，内丹炼制理论就强调效法周天运行规律。因此内丹修炼以人体为鼎炉，以体内的精、气、神为药物，用神去烧炼，使精、气、神三者在体内结成金丹。全真道出现以后，内丹术遂成为道教的主流。

先天与后天之分。“先天之气”是“元气”——人生来带着的气，是生命的原动力，可以促进人的生存和生长。“后天之气”是人们在生存过程中呼吸的气，是外在的气。后天的气对人的身体的作用，必须通过人的“原火”推动才能成为内丹修炼的能源。而“神”呢？“先天之神”就是“元神”，指的是人本来的资质，“后天之神”是“识神”，是后天形成的，即通过学习得到的认知与分别事实的能力。道教内丹学在承认精、气、神重要地位的同时，也重视“心、性、命”的存在。“心”是本体，“性”是心的功能，可见内丹的修炼，而命是“炁”，即最终炼丹的目的。心和性，是不能分开的，内丹修炼讲究“明心见性”。内丹学认为人既在世俗世界上存活就免不了使纯净的心灵蒙上灰尘，内丹修炼的目的就在于将其全部消除，这种方式又称为“洗心”。可见

内丹派以人身为鼎炉，精、气、神为药物，呼吸为风，意念为火，运用意念和呼吸的程度为火候，以精气神的凝合体为还丹。

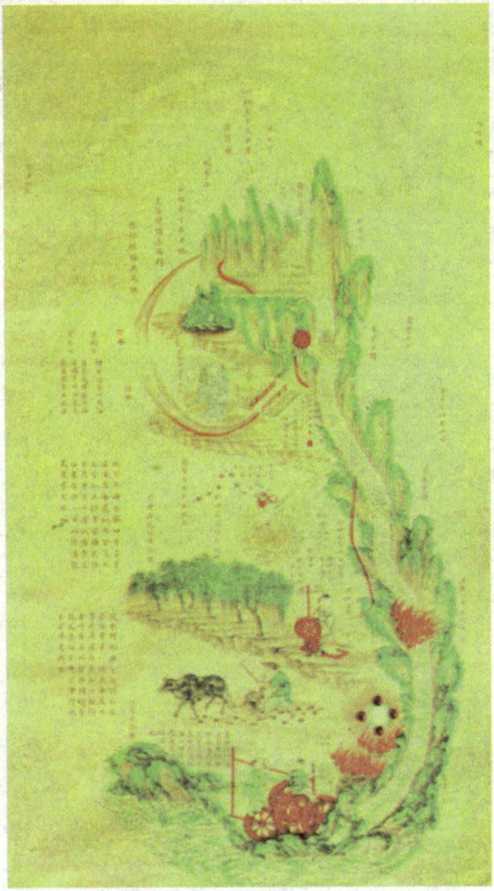

清宫彩绘内经图

又名内景图，形象地表现了内功修炼以及内景概念的图像，是道教对人体脏腑组织结构的认识。道教气功要以意念内观脏腑组织，并以此作为内功修炼参考图。

内丹的修炼，不仅是道教注重和致力于身体健康的调养，而且在精神上追求去掉外在的一切干扰，返璞归真，至诚至净。

道教内丹学的基本原则是性命双修。在道教内丹学中，“性命”有特殊的涵义：“性”主要指的是神与心，心神；“命”指的是外在的形。性命双修，则构成道教延年益寿的最基本原则。具体是如何修行的，道教的各个派别却不尽相同。以张伯端为宗师的金丹派南宗先“命”；以王重阳为宗师的全真道先“性”。但是无论哪个门派，都认为性命双修是最重要的，性与命不能分割，认为心神与身形，是不可分离的整体。所谓的修身养性，内丹的修炼讲求从人的整体上把握。

在道教内丹家看来，修炼内丹的要素是精、气、神。而他们认为人在降生之初，精、气、神是齐全的，但随着时间的推移和年龄的增长，精、气、神会有所缺损，于是发生种种病症。内丹修炼的“筑基”就是要修复身体缺损的精、气、神，以达到治疗病症、延年益寿的目的。筑基，就是培补精气，精气旺盛了，神也随着旺盛。具体来说，就是通过排除思虑的干扰使神安于处所，补精气的同时也补神，然后才进行其他的炼丹功夫。

具体修炼过程中，道教认为炼己是一种基础性的功夫，就是排除杂念，集中注意力，专注地进行自我修炼，绝对不能“心猿意马”。如果出现躁动不安，不专注的情况，就是所谓的心神散乱，身体就会因此受到损害。为了做到心神

茅山是中国道教名山，被誉为道教第一福地。

不动，道教采取的是垂帘、观鼻、听息等方法，就是低垂眼皮，看着自己的鼻子，倾听自己的呼吸。先用这样的方法强迫自己消除所有的念头，然后用专注、平和、绝对澄净的心态进入正式内丹修炼程序。

道教内丹家考虑到呼吸节奏对于人意念的反作用，所以特别注重“调息”，就是对气息的调整。修炼家希望通过有意识的调整，改变自己呼吸的节奏，借助呼吸的方式改变协调自身的气息、神志，以让真气自由往来，从而实现对被扰乱念头的人为控制，以便更有效地开展内丹修炼。

内丹修炼下足了准备功夫，最终目的是为了“得药”。什么是得药呢？就是修炼时把自己当做一个大丹炉，按照天地运行、日月交错的规律专注于淬炼精气，修炼到一定时候，精、气、神达到三位一体，真气就会发动，修炼的人便能感受到天地在心中，自己就像含着神珠的龙一样，这时就是炼出了“内药”。这种药，肉眼看不见，是通过调神养气感受到的。人的体内本来存在着的可以自疗疾病并且补身强体的物质就由此得以利用，这一修炼和完满的过程就是得药——体内凝成仙丹，称为“圣胎”。

内丹修炼是相对于炼取外丹而言的，内丹术在各朝各代的道教门派中不断丰富，内丹修炼是否真的可以得药后成仙，已经不是我们今天研究的目的。内丹法留给人们养生方面的价值要远远大于它使人们“成仙”的价值。

知识点击

女丹

女丹是内丹的一种，包括女性内丹修炼的理论和女性修炼内丹的方法。道教倡导人人都是平等的，所以认为女子也是可以修道成仙的。在道教的神仙传记中，女性神仙有很多，如何仙姑等。这不同于其他宗教歧视女性，有着非凡的进步意义。道教内丹学兴起时，女性也加入了内丹修行的理论和实践行列，研究出许多适合女性修炼的内丹方法。女丹修炼和男丹修炼有一定的共同之处，不过更有适合女性修炼的自身特色。“女丹”修炼方法的特殊之处，在于它符合女性自身生理特征，因此称为“坤诀”或“太阴炼形之道”，独立于其他内丹修炼方法之外。全真道的孙不二元写过《坤诀》一书，书中认为“女丹”修炼的方法是女性摆脱歧视和压迫的捷径，是升天成仙的阶梯。女丹修炼历来被道姑和民间信仰道教的女人看重，明清以来，丹道修炼女子的队伍不断壮大。

消灾祈福的法术

——道教的符咒

事　　件：道教法术源起、发展及影响
时　　间：远古时代
改革人物：寇谦之、陆修静
法术类别：符咒、占卜

如果道教没有法术，民间就不会有众多的信仰者，道教也不会普及得如此广泛。道教法术已经成为道教宗教活动的重要构成部分。道教法术的种类很多，有些法术带着浓厚的迷信色彩，像画符念咒、扶乩降神、卜筮断吉凶、占星解梦、祈雨择吉等。在这些法术中，最有代表性的是符咒和占卜。

道教的“符”是画在纸上的象形会意、似字非字的图形，道教修炼者认为它可以治病、避邪。更多时候道士以所谓的咒语作为跟神仙们沟通的方式，因此又被称做“神符”、“丹书”。“符”的最早渊源一说是古代的君主传达命令、调动军队的一种证据，起初刻在竹子上，后来又有用金、玉、铜制作的，朝廷和将帅双方拿着其中的一半，执行命令的时候合起来作为凭信。一说与桃梗传说有关，该传说中桃木与缣帛均可以驱鬼辟邪。（见《荆楚岁时记》“桃者五行之精，压服邪气，治百鬼也。”）一说是起源于远古时代黄帝作的云书。总之，在后来宗教活动和书籍

相关道教法术——抽签

求签，是一项旨在占问吉凶祸福、前程命运的活动，大多在道观中举行。抽签也是道教常用的方术，只要是宫观庙宇就有这项活动，它的作用是预断吉凶福祸。在道教的道观里，经常有签筒，里面放着签条，一般是用竹木片制成的。求签时，通常由求签的人拿着签筒虔诚地在神前祷告，然后摇动签筒，一直到其中的一根从里面掉出来。这只被摇出来的签，就算是神仙赐给你的签。人们依签条上所写的词句判断吉凶，具体由道士根据求签者的愿望，对他们抽得签中的文字按照自己的理解进行剖析。解签的道士，通常被人们认为是传答和解释神的旨意和暗示的使者，地位相当高。

关键词 法术　符咒　法牒　占卜

里，也出现了天符、神符。战国时巫师们就已频繁使用符，当时称作巫符。道教在产生与发展的过程中继承了“符”这一和神灵沟通的方式，只不过巫符变成道符，今天道教还保留了许多系统的符书。

道教符书是用符字写成连贯的文句，表达一定的意义和内容。在符书上，有文字、天上的星象、神灵的肖像，其中以文字为主体，以显示宗教蕴义。符字是特殊的宗教文字，按照一定的规则排列。简单的符只由一个或几个符字组成，而复杂的符则用多个甚至于许多系统组成。面对一系列的符，俗人看起来，除了层层涂抹的墨汁、墨团和貌似神灵的剪影、勾画之外，根本没有办法理解它有什么含义。只有道教中有一定道行的人士才能读懂符书。因为符书不仅自身难懂，而且符书的书写、符书意义的领会要诀，都是道教各派内部一代一代秘密地传授，外人根本没有机会看到，自然也没有办法知道它是什么意思。

民间流传的天师符箓

还有一种与符相关的法牒，称为法箓、宝箓，或简称为箓。它也是道教符书的一种，但是被专门用作入道的凭信与行法依据。符主要和巫术有关，继承了古代巫符的一些特征，而箓则是道教创建后，道教徒的自创。“箓”表示两个意思，既指天上不同等级的神仙，阴间所有的鬼魂，又指“天神”们的语录。按照道教的说法，如果人间的谁拿到了一张箓，就是得到了天神给他的指示，拿到箓的人必须遵照“天神”的旨令行动，否则就会得到惩罚，即所谓“天谴”，而听从命令做事就会得到“天神”的保护，因为是“替

授箓是正一派的隆重仪典。

祈雨图 山西洪洞广胜寺水神庙 金

符箓祈禳是太一道教义的主要内容，这幅壁画描绘的是一个祈雨的场面，这正是太一道祈禳思想的反映。

天行道”。由于“符”与“箓”的功能一致，原则上也没有太明显的区分，因此一般统称为“符箓”。

符箓是道士施行法术的权力象征，是其进行宗教活动必不可少的一部分。道教在其产生、发展过程中极为重视。南北朝时期的寇谦之、陆修静等人还曾对道教的法箓斋仪进行过改革，制定了所谓“九斋十二法”，即三元斋、八节斋、三皇斋、明真斋、太一斋、自然斋、金箓斋、黄箓斋、玉箓斋等。根据这套理论，为国消灾就需举行金箓大斋，因为金箓主天；而要是人有灾难，则要举行玉箓斋。到了唐代，产生了以符箓授受为标志的道派就是符箓派，但是符的使用，并不局限于符箓派，道教的各个门派都有符箓的使用。比如金丹派设立坛场也要用符。全真道的王重阳用过符，全真七子时，朝廷或官府的各类斋醮中也要用符。

在道教的一般法事活动中，道士必须穿着道袍，戴着道冠，披发洗足，一边画符，一边念咒，可见念咒和符箓都是不可缺少的一部分。道士们念的是什么咒语呢？咒语多为三言、四言的短语，少则数字，多则数百字。道教徒认为那是神赐给他们的，对鬼神、自然物有作用的神秘语言，通过念诵咒语可与神明交谈。据《太平经·神祝文诀第七十五》记载，“天上有常神圣要语，时下授人以言，用使神吏应气而往来也。人民得之，谓为神祝也。祝百中百，祝十中十，祝是天上神本人传经辞也。”念咒语经常和画符一起进行，因此又称做符咒。道士在施行咒术时，还要有咒水、咒枣等配合的祭祀物品。这些被施过咒的水

斋醮是道教祭祀三清、四御、五星列宿的一种仪典。

或枣也都有不同寻常的法力。道士和道徒们都虔诚地相信咒术是有效的，他们认为天上法力强大的神仙是他们的师傅，咒语是神仙赐给他们的礼物。每当道士念着咒语，向天上的神仙倾诉民间的愿望请求帮助时，天神就会及时地出现，帮助他们解决灾难。几乎每项道教的法事活动都有咒语，如建道教祭祀的坛时有净坛咒、镇坛咒；登祭祀的坛前有卫灵咒；道士画符的时候，要念书符咒；在念经前，要念咒；杀鬼、捉妖，为死去的人超度都要念相应咒语；甚至连道士洗手、吃饭、沐浴、理发等等生活的小节都要念咒，可见咒语和符箓一样成为道教的重要组成部分，也是道教徒的一种日常习惯。

道教的咒语不但自成体系，而且在佛教传入中国后又吸纳一些佛教咒语，如此一来，道教的咒语就更加丰富多彩了。但无论是自创的还是引进的，道教咒语都有一定的格式，大凡念咒的时候，先表明咒语是天上哪一个神传授的，然后请求这尊神派天兵天将来帮助念咒的道士，而对一些掌握之中的小神仙，道士们就直呼其名。这和道教的神仙谱系是一脉相承的。

无论符箓还是念咒，都是道教活动中道士、信徒们祈求自己尊奉、信仰的神仙给予帮助的方式，也是道士表现法力的手段。因为符箓和念咒，民间对道教很是信服，认为只要虔诚地信奉，就会在危难的时候通过道士和天上的神仙沟通，得到天兵天将、尊神的协助。因此道教因符箓和念咒在群众中有相当广泛的信仰基础。

知识点击

道教的相关法术——祈梦、解梦

道教对梦的看法是，人的精神会在梦中离开自己的肉体，径自与神鬼往来，或得到神的指点，俗称“托梦”。因此一旦做了梦，尤其是怪梦、噩梦，专职的道士解释梦究竟有什么含义会对做梦的人领会神的意愿很有帮助。所谓祈梦就是求梦。信奉道教的人在神庙中睡下，做一个梦，梦中的情景就是神仙给的暗示，然后根据自己的梦境再来占卜是吉是凶。台湾省至今保留着中国目前最大的祈梦场所——“指南宫”。这里供奉着著名的道教人物——吕洞宾，曾有过客房八百多间，专门供给客人祈梦时居住，便于接受吕祖在梦中给予的指南和暗示。其实祈梦是占卜的一种，是道教对民间信仰习俗指导作用的集中显现。而去祈梦的人，很大程度上并不是真正的道教教徒，而是期望神来指点迷津的普通民众。祈梦、解梦都是道教法术的一种，属于占卜的范畴。

道教斋醮主要可分黄箓、金箓、玉箓等。

终极信仰

——道教的神仙观

修炼目标：得道成仙

主要典籍：《神仙传》《太平经》

道教靠什么来吸引普通的群众，道教徒终日虔诚信奉道教、炼丹修炼，最终的目标又是什么呢？简而言之，就是有朝一日得道成仙。道教不仅相信世上有神仙存在，信仰神仙，把神仙当作最理想的境界，还把成为神仙作为终极的奋斗目标。道教宣扬，修炼者只要按部就班地按照道教教义修炼，规范行事，终有一天会得道成仙。

道教所信仰的神仙，包括最高的尊神如元始天尊、灵宝天尊、道德天尊、太乙救苦天尊、玉皇大帝、真武大帝、文昌帝君、雷公电母等神明；还有张天师、三茅真君、五祖七真等得道真人。

道教关于神仙的信仰和追求，有深刻的文化内涵。首先与道教的宇宙观息息相关。道教认为，宇宙是一个总括一切的名词，万事万物，所有种种，都包容在宇宙之中；而宇宙与“道”密切相关，“道生一，一生二，二生三，三生万物”。宇宙万物都是由“道”生化而成的，所以道是万物的始祖和根本所在。道教的最高尊神“三清”就是道的化身，道是一，一就是元始天尊；由一生二，二就是灵宝天尊；由二生三，三就是道德天尊；三生万物实际上就构成了完整的万物生化过程。简单地说，宇宙万物都是由至高无上的神——三清尊神创造的。

今天我们仍然可以在道教宫观的三清殿中，看到道教的神仙信仰与其宇宙观之间的联系。如道教宫观中供奉着的元始天尊，他左手虚拈，右手虚捧，象征宇宙初生时期的混沌状态；元始天尊的左边是灵宝天尊，他双手捧着一半黑一半白，黑中有白点，白中有黑点的圆形“阴阳镜”，象征着从混沌状态中衍生出来的阴阳二态；灵宝天尊右边是道德天尊，他拿一把画有阴阳镜的扇子，象征着由阴阳而化生万物。这样，道教神仙信仰和整个关于宇宙的思考就统一起来。

道教不仅认为他们所尊崇的神创造了宇宙万物，还在臆想中认定宇宙间存在一个神仙的世界，这个神仙的

关键词 神仙信仰 神仙谱系 得道成仙

道教的八仙是人们如何获得长生不死的例子，道教经典中有许多关于他们记载。他们和佛陀已开悟的弟子一样，对世人有许多启示。

道教源于黄帝，尊黄帝为始祖，以阐扬道教精义的老子为道祖，以组成道教的张道陵为教祖。

四御像，由左到右依次为勾陈上宫天皇大帝、中天紫微北极大帝、昊天金阙至尊玉皇大帝和承天效法后土皇地祇。

世界凌驾于人间之上，神仙们时刻观察在人间的生活，随时可能给人们以及世界上的万事万物以作用力。在修炼家的眼里，神仙拥有神奇的能力，过着无忧无虑的生活。

在道教的神仙世界里，除了至高无上的三清尊神还有各司其职的众多神仙，这些神仙共同组成一个完整的神仙谱系。

首先是统率天地的万神之首，玉皇大帝，全称昊天金阙至尊玉皇大帝。他统领着天上、地下、空间一共三界，四方、四维、上下总称十方，胎生、卵生、湿生、化生总称四生的一切生物，以及天、人、魔、地狱、畜生、饿鬼总称六道的一切，并主宰一切生灵和存在的吉凶祸福。除玉皇大帝之外，还有三位神仙与他一起辅佐三清，称为“四御”。他们分别是中天紫微北极大帝、勾陈上宫天皇大帝、承天效法后土皇地祇。其中中天紫微北极大帝专门帮助玉皇执掌天经地纬、日、月、星、辰、四时气候；勾陈上宫天皇大帝协助玉皇执掌南北极与天、地、人，主宰人间和平与战争；承天效法后土皇地祇是四御中唯一的女性，协助玉皇执掌阴阳生育，万物的生长。四御权力很大，分工明确，在道教的神仙谱系里具有极高的地位。

其次有专门掌管仙籍的东王公和西王母。据说，如果有男子成仙了，就要归东王公掌管；如果是女子得道成仙了，就归西王母掌管。但所有成仙的人，进入天庭都要先拜见西王母，

道教神仙谱系是以三清四御为核心。

然后拜过东王公，算是报到经受审查。这些准仙人经过一定的仪式和手续，得到他们两个的认可，才能进入三清圣境，最后见到最高的神元始天尊。这是成仙、列入仙班的必备程序，可以说东王公、西王母掌管着所有的神仙户口。

再次，道教还有分管天、地和水的三官大帝，即天官、地官、水官；分管人间休咎的星君——五星七曜星君和四灵二十八宿；专掌风雨雷电的雷公电母，龙王风伯；甚至于人们生活中的门户、炉灶、土地等细节内容都有神明掌管，如门神、灶神等。这些不同级别、各司其职的神，构成了道教神仙世界的完整谱系。道教不仅仅幻想神仙的存在，人们甚至按照自己的想象勾勒了整个神仙世界的情形。在他们的想象中，神仙们和万物同造化，并且各司其职。

神仙的世界是道教徒最神往的地方，成为神仙是他们毕生的梦想。神仙谱系如此细致，就是为修炼者明确目标。另外，所谓的神仙谱系并不是封闭的，而是随着道教的发展不断扩编，如《神仙传》一书中就有五斗米道的首领张天师、金丹派方术家魏伯阳等人的传记，显然这些现实生活中的道教人物已经升入仙班。而《洞仙传》77篇神仙故事中，包括了毛伯道、周太宾、刘道公、赵叔期、徐继道等23位清派茅山宗人物的事迹。这些凡人修炼得道的故事大大激发了道教徒修炼的热情。久而久之，经过不断地宣传和思想渗

西王母乘云线画

《洞仙传》成于隋之前是研究道教神仙系统与道教人物的参考文献。

透，道教徒就认为世人应该以追求得道成仙为其终极信仰。

道教徒以成仙为终极信仰是有其理论依据的。道教思想家认为宇宙和人类自身的内心世界是相通的，研究了宇宙就等于研究自己；把大道的精神放在自己的身上加以实践，就能求得人生的至善准则，达到与道合一，与宇宙、众神成为一体。其外在形式就表现为得道成仙、进入神仙的境界，因此成仙理所当然地成为道教徒人生的最高理想。

道教徒追求得道成仙，不仅有其理论依据，还有一定的现实基础。在数千年的封建社会中，广大的贫苦百姓受尽剥削和压迫，有时贫病交加，生活无着，迫切需要一种解脱。道教的神仙观恰好满足了人们的这一愿望。《太平经》就曾明确指出，“人生比竟天地几何，睹病几何，遭厄会衰盛进退。……夫天地之间，时时有暴鬼邪物凶殃尸咎杀客，当其来着人时，比如刀兵弓弩之矢毒着人身也。”书中道出人间诸多疾病、苦痛和灾难，大力宣扬人生的短促与艰辛。鉴于此，道教劝导人们学道、修道、成仙。

道教徒以成仙为其终极目的，那么神仙的生活又是什么样的呢？《太平经》又对成仙以后的自由自在、无忧无虑进行渲染，“变化无穷，超凌三界之外，游浪六合之中。……长存不死，与天相毕。”可见，道教徒认为神仙是永恒的；成为神仙后就可以过上没有任何束缚、自由自在，完全摆脱自然和社会困扰的生活；神仙有巨大的神力和能量，他们无所不能，无所不会，甚至可以搬山移石，变幻多端；神仙居住的世界里，到处是琼楼玉宇、云雾缥

知识点击

西王母传说的变迁

西王母是道教中重要的女神，就是俗称的王母娘娘。但根据《山海经》的记载，却是“其状如人，豹尾虎齿，善啸，蓬发戴胜，是司天之厉及五残。”大意是说西王母的外形虽然像人，但是长着和豹子一样的尾巴，和老虎一样的牙齿，并且喜欢高声的吼叫。又说她是上天派到人间传布各种瘟疫和灾难的神，满头乱发，戴着一顶方形的帽子。从她令人恐怖的外形来看，真像一个散发灾疫的煞神。不知从何时起，西王母的形象大大改观，又被人们传说成一位温文尔雅、和蔼可亲、至高无上的女神。每当临朝视事时，都有五彩的仙女簇拥着。后来的传说更为具体化，说周穆王巡游天下，一度到了昆仑山，专门带着礼物去拜见西王母，又在瑶池宴请西王母。两人还推杯换盏、把酒言欢。

《神仙传》为东晋葛洪撰。全书10卷，是研究道教神仙系统及道教与古代文艺的参考文献。

缈、仙乐缭绕，呈现一派安详和谐、自由自在的景象。道教先是勾勒了这样迷人的场景，让人不由自主地向往，而后鼓励自己的门徒，只要通过虔诚的信仰和规范的修炼，自己就会得道做神仙，达到这样的境界。在这种理论的教导下，一代代的道教徒无休无止地供奉神仙，修炼，苦苦追求，希望自己有朝一日达到终极目标——得道成仙。

三官大帝出巡

三官即天官、地官和水官。传说天官赐福、地官赫罪、水官解厄。三官经常巡查各地，旨在司察善恶，保佑众生，深受民间崇拜。

归根结底，道教认为神仙是真实存在的，并且有严格的等级和职位划分——神仙谱系，神仙的生活绝对值得人们努力和向往；而人们只要经常行善，有悟性，善于体察大道，争取和道合一，最终就可以得道成仙。道教最吸引教徒的是它勾勒和宣传的神仙世界，加之人人可以成仙的理论，形成极富魅力的神仙观。从而使得道成仙成为道教徒毕生的梦想，成为他们的终极奋斗目标。

道教活动与礼仪

——道教的庆典与民间风俗

重要庆典：三元日
民间风俗：庙会、迎神出会
主要典籍：《要修科仪戒律钞》

道教信仰至高无上的神仙，拥有频繁的法事活动以及复杂、讲究的宗教仪式。道教徒以此为内容经常举行庆典活动，而道教由于是中国土生土长的宗教，它的这些庆典活动又与各地不同的风俗互相影响，互相渗透、融合，形成不同的风格。

据道教典籍记载，每年每月都有许多道教所信奉神仙的生日，主要是道教神灵诞生日，还包括从佛教吸收

武当山法会

关键词 法事活动 宗教仪式 三元日 庙会 迎神出会

来的弥勒、如来佛祖、观音、地藏王等少数佛教菩萨的生日。总的算来，一年365日，神道的生日庆典日就有50多个。同时，道教的节庆与民俗活动相结合，在每年的春秋二分、冬夏两至等日子也举行“庙会”。鉴于本教的节日过频过滥，道教徒一度进行整饬，加以规范。据唐朝的道士朱法满所著的《要修科仪戒律钞·圣纪经》记载，“正月七日名举迁赏会，七月七日名庆生中会，十月五日名建生大会。右三会之日，三官考核功过。依日斋戒，呈章赏会以祁景福。又云五腊日，五月初一日曰天腊，五月初五曰地腊，七月七日名道德腊，十月一日名民岁腊，十二月节日曰王侯腊。五腊通三元，名八解日，皆可设净供建斋，求福兼祀先亡，名为孝子，得福无量。余日名为淫祀，有罪。”由此可见，道教的节日多而且杂，与民俗有着千丝万缕的联系，但更多的是与神灵有关。

这些被尊为神灵的人物大多出于传说，所谓的生日基本上不可信，但道教和民间信徒把祭祀这些神灵以及庆祝与神灵有关的节日当成一种风俗和习惯，以此表达自己对于神明的真诚信仰。在道教的庆典中，庆祝神灵生日也是有侧重点的，如老君、玉皇、东岳大帝、土地、灶君、三官、雷神、火神、财神、碧霞元君、天后——妈祖、梓潼帝君、关帝的生日庆典大多时间持续较长，仪式也比较复杂和隆重。除了神仙外，庆典还包括道教一些被尊为神仙的祖师，如吕祖洞宾、丘祖处机等。

庆典活动的规模和影响程度根据所尊的神在道教内部的地位差异而有所不同。地位高的神，如老君、玉皇，他们生日庆典活动往往是举国上下，普天同庆；与民众生活关系密切的城隍、土地、灶君等神仙，因为广泛的群众基础，他们的生辰庆贺也很隆重。同时由于地理位置的差异，同样的神在不同的地方有不同的待遇，如碧霞元君在北方和妈祖在南方，都是香火最

道教节日及道场安排

玉皇圣诞	正月初九	祈祥道场
上元节	正月十五	祈祥道场
丘祖圣诞	正月十九	祈祥道场
三清节（太清）	二月十五	祈祥道场
清明节	清明日	度亡道场
吕祖圣诞	四月十四	祈祥道场
三清节（上清）	夏至日	祈祥道场
中元节	七月十五	白天祈祥 晚上度亡
九皇会	九月初九	祈祥道场
民岁腊	十月初一	度亡道场
下元节	十月十五	祈祥道场
三清节（玉清）	冬至	祈祥道场

斋醮科仪，俗称道场、法事，是道教的祭祷仪式。

盛的两个道教女神，若是反过来，碧霞元君在南方，妈祖在北方甚至都不为人知。这和当地人民的风俗和信仰有直接关系。

为什么道教徒如此热衷于为神灵庆贺生日呢？有一种说法是，在神仙的圣诞日进行建醮、诵经等庆典活动，可以获得比平时多几倍的功德。看来神仙也是需要讨好的。因此，每到这时民间往往以道教的某个宫观庙宇为核心，举办打醮、赛会、神道出巡等一系列具有浓厚道教色彩的民俗活动，这时远近大小商贩趋之若鹜，摊棚林立，游人如织。如北京的道教胜地白云观的燕九节就是典型的代表。旧时京城的男女老少争先恐后地前往祭祀，香火极盛，还有各种竞技娱乐活动，说书唱戏的也竞相登台亮相。整个场面十分壮观。同时各地的道士也闻讯而至，期望在此遇到真人点化自己。有时皇帝也会幸西厂小金殿设宴观看盛况。类似的庆贺活动既是一种宗教祈福和祭祀，又是各地商业、人文的一种景观。

道教的圣诞庆典中，影响最大的是三元日，即正月十五——上元日、七月十五——中元日、十月十五——下元日。据说这三天是天、地、水三官考察和审定功过的日子，如《要修科仪戒律钞》说："正月十五日，天官校戒，上元斋日；七月十五日，地官校戒，中元斋日；十月十五日，水官校戒，下元斋日。"后来也被认为是三官的诞辰，就被人们当成了道教节日。在三元日到来时，道观中举行一系列大规模的庆贺以及祭祀的活动，而民间祭祖、祭孤也和三元日相结合，如七月十五日，在道教庆贺中元节的同时，民间有祭祀"家鬼"的风俗和定例，又称之为鬼节。现在它已然成为中国一种特殊的风俗。

除此之外，道教的庆典还形成了

知识点击

报 赛

在民间，人们常常采取报赛方式进行对神明的还愿、祝寿等活动。就是在一定地域，民众集体酬神活动形成大规模的赛会。赛会期间，用鼓乐、歌舞等形式来愉悦神灵。民间报赛的活动基本上分为两种，一种是一家一姓或者个人为祈求、还愿举行的报赛活动，规模较小，举行没有固定的时间；另一种是在某一地方由为首的人出面组织在神诞日、庙会中举行，民众共同集资举办，大多有固定的日期，规模较大，称为赛会。

道教仪范有三大类，即戒律、斋醮和章表。

迎神出会

迎神出会大多是因为神诞庆典，也有因为求福，或者因为一时一地灾害、疫情严重等，求神保佑，迎神出巡。

道教风俗——送灶、接灶

灶神是道教的一位神仙，在中国一般是由在厨房劳作的老年妇女祭祀。祭灶是旧时中国家庭中较为重要的祭祀活动，也是中国人过年习俗中的一部分。灶神在道教神谱中被称做东厨司命大帝，听起来很尊贵的。据说，灶神平时监察每户人家的功过善恶，到每年的腊月二十三上天报告天庭。上天根据灶神的报告来判断和决定这户人家第二年的祸福。因此在灶神要上天的腊月二十三，每户人家都要摆上祭品，好好欢送他，希望他在玉帝面前为自己家多多美言。灶神完成任务后，等到除夕夜他就回到原来的岗位，这时每户人家又要表示欢迎。一整套迎来送往的仪式依次被称为送灶、辞灶和接灶。另外，他的诞辰日相传是八月三日，这天家家户户也要点灶灯来祭灶。

许多具有中国特色的民间风俗。像迎神出会，就是在祭神和神明巡行时，举办隆重的文娱活动，祈求神明保佑。进行活动时，有一定的组织——会。会首领导会众，进行歌舞表演迎送神明，迎神出会在道教各个不同的神灵庆典中几乎都要出现。在出会时，道教徒或信仰者把神像从庙中抬出，巡游整个地方，意思是让神明巡视一番，驱逐可能存在的妖魔鬼怪。在中国，神道出巡最普遍的是城隍神；除了城隍，各地抬的神不一样，根据各个地区的信仰而定。像四川灌口的二王庙中的郎神出会，抬的是二郎神；江西的逍遥山万寿宫供奉的许真君，被人们抬出来后先去南边见他的师父，然后又往西去看望他的女儿女婿。抬神有时抬一尊，有时也会将当地所有的神都抬出来，放在一起巡视。迎神出会时基本上都有文艺表演，那是民间的业余文艺爱好者大展身手的绝好机会，也是各种娱乐活动的大荟萃，常常要通宵达旦地演出各种戏剧、高跷、旱船等传统项目。而所有节目没有先后次序，往往同时涌上街市、集镇的空地，当众表演。民众可以随意观看，表演者也大多出于自愿或只能拿到极低的报酬。

道教的庆典中，香期和庙会也逐渐形成一种特色的民间风俗。香期，就是烧香集中的高峰期。道教的宫观在香期时，固定举行祭祀、庆典等活动，就是庙会，道教很多在民间有重大影响的宫观和名山，吸引了附近甚至千里之外的信徒来进香、祈福。于是在香期——神仙的生日等重大节日时，形成规模宏大的祭祀和庆祝活动。庙会有突出进香目的的香会，有举行大规

城隍为地方神灵，道教以城隍为“剪恶除凶，护国保邦”之神。

天龙
代表天界的力量。

阴历和阳历
人们依据它计算出节庆或耕作的日子。

灶神
掌握着人间每个人的命运和寿命的神。

笏
灶神和妻子手持笏，上面记载着人间每个人一年的行为。

文官

阴动物
月出时嗥叫的狗被看做是阴气的代表。

阳动物
公鸡清晨报晓，被看做是赶走阴气的阳气。

灶神 纸版画 19世纪

还愿即许下各种诺言以求神保佑，所求之事得到满足后，便焚香再告神。

道教风俗——迎财神

旧历新年的正月初二清晨，是迎接财神的时候。财神总共有赵公明、关公和比干三位。赵公明，本来是道教的护法神，相传在终南山修道，跟随张道陵看守丹炉立下了功，后来得封为正一玄坛（又称为黑虎玄坛）元帅，俗称赵公元帅。他一手拿着金轮，一手拿着铁索，以擅长收妖捉鬼著称。他被认为是西方金气的化身，能使买卖和顺得利，所以被民间当成财神。据说，正月初二是他的诞辰日，所以这一天人们早早地放起鞭炮，期望早点把财神接到家。而关公则因他的正义（《三国演义》被描写为“义绝”），商家认为他能够保佑行市的稳定、财运的发达，所以也被当做财神。关公和赵公都是武将，被民间称为武财神；与他们相对应的比干（商朝时的宰相），可能是由于他善于打理朝政，被后人奉为文财神。

模民间文艺演出的赛会、过会和出会。庙会期间，该地区的人流量往往高度集中，因此在祭祀神仙和庆典的同时也进行大规模的商业交流。各个地方来赶庙会的信徒、香客来观光、出香资、做功德，带来大量的商机。几乎在古老中国的每个地方都有一些有影响的庙会，在祭祀着人们熟知的道教神仙的同时，也进行着一场民俗交流的大会。

庙会、迎神出会等都只是道教的庆典活动中民间风俗构成的一部分。它们虽然不能涵盖所有，只是从一定程度上传播和代表了普及在中国民间的道教，但在长期的历史发展过程中，道教文化渗透到民众的每一个生活细节中去。因此，道教的很多庆典既是不折不扣的宗教活动，又是民众娱乐、交往的重要方式。

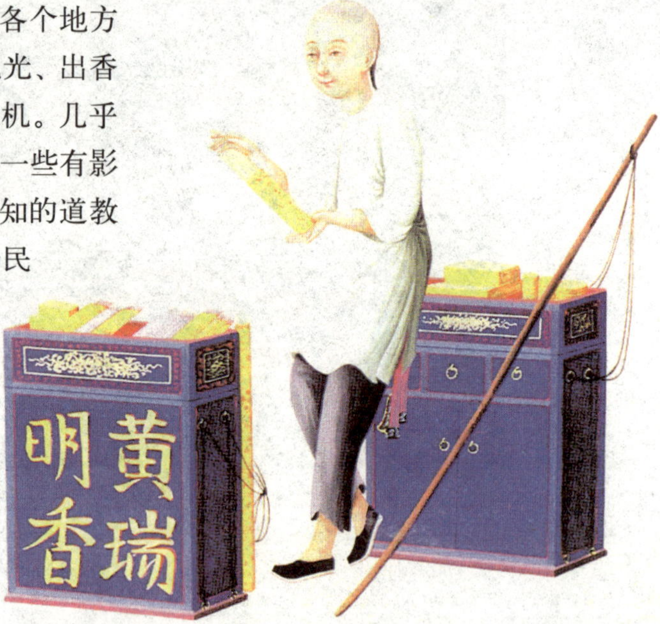

卖香 19世纪中国市井风情 美国皮博迪·艾塞克斯博物馆藏

头香就是第一炉香，尤其是新年的第一炉香。

薪尽火传

——皈依道教的途径

事　　件：皈依道教的主要途径及过程
主要途径：受箓、授箓、授戒、出家
入道凭证：符箓

道教作为一种宗教，它一方面要普及自己的教义，另一方面要积极的吸收新的门徒，以维持本教的延续，扩大本教的势力。道教对于招收新的门徒有着正式、严格、系统的程序，成为道教中新的、正式的成员——皈依道教的途径有哪些呢？不同的教派有着不同的规定。

如符箓道派规定，皈依道教时要执行严格的授箓制度。在符箓派，授予某人以道箓，意味着接纳他为本派的正式弟子。如果你得到了箓，就表示你已经正式皈依该道派，得到的道箓不仅是成为正式“会员”的有效凭证，还标志着你在道派组织中拥有什么样的地位以及相关的权利和义务。

符箓道的重要分支——正一盟威道的始祖张道陵创道时，曾设置完整的授箓制度。以后各道派纷纷学习效法，也拟定了自己的法箓，由于各派符箓不一样，授箓制度也各不相同，但后来为了方便与其他的宗教（如佛教等）相区别，诸派对法箓做出统一的规定。尽管如此，不同的朝代也有所差异。如唐

知识点击

火居道士

正一道派中道士有不出家的，人们就称之为火居道士。他们尊“老子”为教祖，供奉真武大帝，讲求阴阳五行，宣扬丹鼎符箓，崇信炼丹登仙，以此祛魔祈福，追求生命的永生。他们可以住宫观，也可以有家室，非斋期不戒酒肉，授徒传教，但约定俗成父不传子。火居道士平时穿俗装，住在家中从事各种非宗教职业（除道观专职道士外），遇有喜庆丧葬时才穿上道装去做法事。其道装有大褂、道袍、戒衣、法衣、花衣等，法衣是作法事或举行宗教大典时穿的，花衣是经师上殿穿的绣花衣。火居道士在非宗教活动中，和一般的群众没有什么太大的区别。

关键词　受箓　授箓　授戒　出家　居古

代，正一箓级别最低，而上清箓是最高的道箓级别，在它们中间有一百多阶，整体形成金字塔状的系统。以后的历朝历代，不断有新的符箓出现，如净明、清微、神霄等。

在中国古代个别历史时期（如三国两晋南北朝时期），达官显贵、士族地主等上层人物也大规模地接受道箓，加入符箓道派。人数之多，次数之频，堪称中国历史上的极致，其中包括一些向道好道的帝王，南朝的梁武帝萧衍就是典型的代表。他们受了箓，表明自己已经是道教正式弟子的身份。而他们的加入，也使得授箓制度很快趋于完善，道箓的社会地位也随之水涨船高。

符箓是入道的一个凭证，而符箓本身也有不同的等级。得到的箓的规格随着入道的年限的延长以及修道成就的提高逐步上升，规格提高了，意味着在道派组织内部，地位和品级的上升。道教的正式成员——道士，从入道、升迁，要经历很多次受箓，受箓是他们得到提升的主要表现形式。

与受箓相对的就是授箓。授箓有严格的仪式，包含很多细节，尤其是古代

老君龛 北宋

“箓”在早期道教是一种“注册簿籍”，是道籍登记簿。

道教仪仗

主要用于道教斋醮活动，这些仪仗制作精良，形制各异，具有神秘的宗教色彩。

的授箓仪式。时间一般为七天，地点则多选在龙虎山、武当山、茅山等著名宫观，全部仪式主要包括启师、拜斗、传度、斋供、上表、送圣等程序。同时，在授箓仪式中设传度师、监度师、保举师等执礼法师，并设立护箓大师、护法大师、护经大师、护戒大师、护坛大师等护道法师。授箓对于道派组织和道士本人来说都是大事，十分神圣、庄严，因为他们把这项活动看作是道士登仙的必备条件，授箓时坛场正规，准备受箓的道士要向神仙和自己的师父供奉丰富的祭品，礼仪繁琐。

与符箓派的授箓不同，全真派设定皈依道教的途径是授戒。这种皈依道教的方式相传起源于金元时代的丘处机，但真正施行的并不多见。到了清初，王常月才使之普及开来，并且传出许多放戒的形式诸如初真戒、中极戒、天仙戒等三坛圆满大戒。放戒，一般是100天整，其中包括许多仪礼。据《白云观志》记载，传戒每年分为春秋两期，春戒是从二月十五日到四月初八，秋戒则是开始于十月十五日，

三山符箓：指龙虎山（正一宗坛）、茅山（上清宗坛），以及阁皂山（灵宝宗坛）三家。

结束于十二月初八。届时想要入道的人（正式称谓是“戒子”）提前报名注册。授戒的过程一般分为三个阶段。戒前戒子们要沐浴更衣，以表虔诚。第一阶段的仪式在观中大殿举行，主要内容是宣布受戒大典的程序；第二阶段是活动的重心，举行所谓“传度”的仪式，通常要在夜阑人静的时候进行，为戒子们颁发戒衣、戒牒、锡钵、规等法物；第三阶段当众宣布全真大戒，授戒大典就此结束。在授戒中有各司其职的专门传戒神职人员，在放戒期间要进行迎师礼、演礼、考偈、审戒、诵皇经、礼斗忏、讨论戒条、传授衣钵、发戒牒、普表谢神、做道场等仪式。放戒是全真道组织制度的一部分，是收纳信徒的正规礼仪。要想成为全真道的一员，必须经过放戒这一程序。

出家也是一种皈依道教的方式。在全真道，提倡出家，专职的神职人员——道士被要求一定出家，即一旦成为道士后，必须放弃独立家庭生活。其实早期的道教并没有必须出家的规定，当时既有出家的道士，也有不出家的道士。到了金代，道教的全真派受到佛教的影响，吸收了他们要求信徒出家的思想。王重阳开始提倡出家，认为家

传度科仪

拜师是入道之始，要正式成为某一道派的弟子，全真道还须受戒，正一派还须受箓。

痴迷道教、皈依道门的皇帝——宋徽宗

宋徽宗是中国历史上少有的道君皇帝。他奉道教为国教，在皇宫内院修建道观；诏令全国各地访求道教仙经和得道真人；在国家大典中，用道士执威仪做前导；并敕令在全国的名山大川、洞天福地广建道院道观，塑造圣像。宋徽宗在位期间进行了一系列大规模的道教活动。后来，他示意道院上奏册封自己为教主——道君皇帝。以后经常以道教教主、道君皇帝自居。

庭是牢笼，在家会影响修道成仙。这一说法渐渐地成为全真道皈依入门的规定。出家的道士一般住在道庵里，有的专门进行道教的修炼，兼有管理道观的职责，有的云游各地，在各个道观里借宿；还有的以化缘为生，身上不带一分钱，随意漂泊。出家是自愿将一生奉献给神仙和道教的道士们表示自己对道信仰虔诚和彻底的一种方式。正一派则不硬性规定必须出家，但现在无论哪个教派的道士基本上放弃了出家的方式。

在皈依道教的方式中做居士是与出家相对的。其实居士原本是佛教的说法，后泛指皈依宗教但不出家的人。全真派创建伊始，王重阳以身作则带着他的7个徒弟出家，并认为所有的门徒也必须出家才算正式弟子。可是还有一些一心想皈依道教，但是不想出家，也不能出家的人，表示愿意留在家里，在尘世中修炼，是为居士。全真派区分居士和道士以出家与否为标准，而正一派因为不要求信徒一定要出家，所以对该道派教徒的称呼都是居士。

在以上各种皈依道教的途径并行存在的同时，拜师也是皈依道教不可缺少的程序之一。尤其在早期，道教还没有普遍建立授箓制度，拜师的过程就是入道学道的开始。老一辈道士也惯用这种方式传递自己的衣钵。拜师与收徒非常严肃和和庄重，师徒双方也很慎重。无论哪个道派都有规范的拜师制度。

道教把得到民众的普遍信仰作为推行其教义的目标之一。为了更广泛地争取民众信仰，道教的领导者和组织者对于选择专门的神职人员都是十分慎重的。他们用庄严神圣的仪式，用出家的方式来检验入教者的热情，来选拔虔诚的信徒。明确道门的等级，严格皈依道教的途径的目的无非就是寻找优秀、放心的接班人来保证道教本身的香火不断，而且越来越旺。

约束自我，超脱人圣

——道教的戒律

人　　物：张宇初、张万福、王重阳
事　　件：道教戒律产生、发展及分类
主要典籍：《云笈七签》、《要修科仪戒律钞》、《老君想尔戒》、《全真清规》

道教作为中国土生土长的宗教，经过上千年的发展，拥有众多的教徒，而且这些教徒成分极为复杂。因此道教需要对自己的教徒进行严格的管理。鉴于道教有着不同的组织、道派、宫观存在，道教的戒律也就有不同的形式。这些戒律在道教生活中既是信仰的规范，又是行政的准则。

触犯戒律的道人

图中这位年轻的道人，因触犯了戒规而被铐上拴着石础的脚镣，并放到门口示众，以使他的心灵在阳光暴晒下得到忏悔。

关键词　戒律　禁令　三行九条　清规

所谓戒律，即道教约束自己教徒的言论、行为，防止其教徒违反教义思想、信仰、生活、人际关系准则的规则与界定。道教的戒律有哪些呢？一般分为三类：第一类是“戒”，就是约束道教徒的规定；第二类是“律”，即约束道教徒的一些具体书面条文；第三种是“清规”，具体指各个不同的道教宫观约束道士的规章制度。

与道教戒律相对应的，在民间产生了许多有关地狱的画卷，用来提醒人们做恶的危险下场，并鼓励人们通过祭拜使过世者平顺地踏上黄泉路。此卷轴描绘的是由泰山王管辖的七殿地狱的情景。

道教的戒律是道教教义的派生物，也是一种文化，并随着道教的不断发展而趋于齐备和完善。东汉末年，道教刚刚形成的时候，还没有正式的道戒条文出现，只有一些口口相传的禁令。大抵是说哪些事情是能做的，哪些事情是不能做的。譬如说，道教徒不能不孝、贪婪、好色等。这样的禁令说明早期道教对其教徒言语行为规范已经有一些基本要求。随着道教的发展壮大，其组织越来越正规，教徒也越来越多，其戒律的条款也逐渐丰富起来。如五斗米道就规定了“三行九条”。尽管该戒律内容十分简练，但已经有相当的系统性。到了魏晋南北朝时期，上清、灵宝和寇谦之的北天师道创制了“五戒”、“八戒”、“十三禁戒”和一些如“女青鬼律”、“玄都律文”的律文。唐代的道教戒律更是得到空前的发展，目前我们可以看到的唐代完备戒律就有16种之多。宋代的《云笈

知识点击

道教戒律与酒

道教经籍中列举的酒的害处有：酿酒浪费粮食，饮酒有害身体健康、影响正常工作、影响社会风气乃至天气、地气。所以规定对酗酒者进行惩罚——鞭笞和贬降。但这是后来的事，早期的道教戒律并无不准饮酒的条款。《老君想尔戒》列出戒酒的条款。全真七子之一的丘处机、明末清初的王常月都曾对道教徒生活的各方面做出规定。这时教规中就有了明确的不许饮酒的戒律，还有违犯这些教规的惩罚办法。但是道教历代仙真、重要人物中有很多与酒有着不解之缘。譬如说，八仙故事中的铁拐李、汉钟离、张果老、何仙姑、蓝采和、吕洞宾、韩湘子、曹国舅等所谓的八仙几乎都和酒有关。而被全真道教奉为祖师的吕洞宾、金代道士王重阳、清代光绪年间著名道士李涵虚都嗜酒，有的还是陶醉于诗词文赋中的诗酒中人。所以，可以看出道教对普通教徒不是严格地戒酒，而坚决反对酗酒倒是真的。

七签》、《要修科仪戒律钞》等道教经籍中也记载了诸如“老君二十七戒”、“老君三十六戒”和“老君说一百八十戒”等后来形成的戒律。明朝时，四十三代天师张宇初写下了《道门十规》，是流传至今的涉及道教教徒生活各个方面的最为完备的成文规戒。从没有成文规定到完备的戒律典籍的出现，说明道教戒律已经发展成为一种独立的文化现象。

一般来说，我们今天看到的道教戒律主要是正一派和全真派流传下来的戒律。

正一派是由东汉末年创立的五斗米道，即天师道发展而来。五斗米道时期，正一派的“三行九条”记载在《老君想尔戒》中，规定所有道众必须遵守。所谓“想尔”，是古代的一个仙人名。三行九条，原文是“行无为，行柔弱，行守雌，勿先动，此上最三行；行无名，行清静，行诸善，此中最三行；行无欲，行知止足，行推让，此下最三行”。这是什么意思呢？就是说作为道教徒要谨守清静无为，清心寡欲的教义准则，并且一定要在虔诚信仰道教的基础上，把这些规范和戒律贯彻到自己的言语和行为之中。五斗米道宣扬只要诚心遵守这些戒律，就能长生不老成为神仙。道教的另一部典籍《云笈七签》中说“九行备者，神仙；六行备者，寿；三行备者，增年”，就是说如果能做到三行，就可以

初真戒是入道、修道的起点，包括五戒、八戒、十戒和女真九戒等。

增寿，做到六行可以长寿，做到九行而不犯一点戒律的人就可以升天做神仙了。《老君想尔戒》的三行九条非常的朴素、简单，可谓是早期道教戒律的萌芽，当时的戒律还没有一种规范的表述，而且当时信仰道教的人大多还没有多少文化，太复杂的戒律他们不懂，也没有办法接受。尽管如此，三行九条仍然太过抽象，使得在实际传教和信教过程中操作起来很困难。所以有很多后人在它的基础上，仍为戒律做着补充和完善工作。如唐代的高道张万福以《老君想尔戒》为底本编写的《传授三洞经诫法箓略说》一书中列举的16种戒，主要在具体的细节和条文上进行修缮。明代，天师道第四十三代天师张宇初写下《道门十规》，分说道教源流、道门经箓、坐圜守静、斋法行持、道法传绪、住持领袖、云水参访、立观度人、金穀田粮、宫观修葺等10项。他把道教的戒律进行了一次系统梳理，从而对道教教徒的信仰生活、社会生活、言语行为思想的各个方面提出了规范和准则。

戒律较为完善并且流传至今的道派除了正一派还有全真派。全真派在金代初年由王重阳（后世多称为重阳子）创立，王重阳吸取佛教的思想和制度，提出三教合一的思想，提倡苦己利人，主张内丹修炼，向往羽化成仙，并为这样的终极目标而奋斗终生。王重阳创教时，在《重阳立教十五论》中对全真派的立教原则和戒律做了严格规定。具体内容包括道徒们如何住庵、云游、学书、合药、盖造、合道伴等，规定道士们只能住茅庵草舍，不

浙江新昌重阳宫

新昌重阳宫深藏于山峦环抱、碧水流淇的桂竹谷中，这一带六朝有高道葛洪、顾欢、魏伯阳、褚伯玉等韬晦栖游，盛唐有高道司马承祯、吴筠等求仙隐逸，向来为浙东的道教胜地。

五戒即老君五戒，第一戒杀，第二戒盗，第三戒淫，第四戒妄语，第五戒酒。

道士服饰的区分

道士的衣服和鞋袜都是有严格规定的。法衣，道教科仪中高功法师各种穿着的统称；忏衣，道士在科仪中念经拜忏时所穿的一种法衣；绛衣，在大型斋醮法会中，高功法师所穿的一种法衣，穿时里衬海青，其制两袖宽大垂地，双臂展开时，两袖和衣身合成四角形，两袖和衣身均绣有金丝龙纹；海青，为道士日常穿用的便服，是用青布简单制作而成宽袖道袍。现今为了穿着方便，道士夏天多穿白色对襟和斜襟两种道衣，多数以棉绸制作。道人平时穿双脸鞋或十方鞋，用青布制作，鞋边沿剪有孔，再用白布将孔缝上或不缝。道士常用高筒白袜套住裤管，以避免进入殿堂体垢落地。

朝靴

高功法师在大型科仪活动中穿的鞋。

高功绛衣

高功法师做法事时所穿，以黄为尊，不裁剪，展开后两袖与衣身合成四方形，象征天地四方。

道士其他服饰

斋日是一月之中应该斋戒的日子，斋日必须严格遵守道教戒律。

能住华美的寓所，以此保持心境的安闲和纯净。他要求道徒们在学道方面要勤奋、要懂得学无止境，而不能浮躁、自满、夸耀于人；要求道徒要宽以待人，但交友要慎重，要多方面考查其品行，切忌以貌取人等。他力主从严治教，全真教派的戒律从一开始就非常严格而明晰。其后，全真七子之中的马丹阳又撰写了“十劝”语录，丘处机则仿照佛教的三戒，设立三坛大戒。在其全盛时期，全真派有了众多信徒，创建了庞大的全真道观群。为了加强管理，全真派在元朝、明朝时仿照佛教惯例制订《全真清规》，详细规定了一旦道士犯了过错，分别给予哪些处罚，列出的有迁出、罚出、罚斋、罚香、罚油、罚茶、罚拜等，另外规定不能贪婪，不能够怀有妒忌之心，不能被声色所迷惑，不能玩物丧志等。到了清代，全真派的高道王常月在北京白云观开坛传戒，使得传戒制度广为传播，全真和全真戒律也随之名闻天下。

除了正一派和全真派的戒律，道教戒律还有一部分是不可缺少的，那就是各个宫观的清规。中国有句古话“国有国法，家有家规”。宫观清规，就是每个道教宫观里针对自己的具体情况制定的“家规”。事实上，几乎每个宫观都有自己的清规，规定如果本宫观的道士违犯了戒律，要受到哪些以及何种程度的惩罚。而全真道派的宫观清规一般都是在有名大宫观（如白云观）里制定出总纲，再由各地的宫观加以补充和修订。现在，我们还能看到一些保留比较完好的宫观清规。在陕西张良庙有清道光二十二年的清规；在北京白云观有清代咸丰六年的清规榜。在这些清规中都有罚出、罚斋、罚香、罚油、罚茶和罚拜、迁单、头顶清规等不同程度的处罚手段，还有较为严厉的惩罚措施，如烧断眉毛、摘去衣领、用扁担鞭挞等。据说，如果道士犯了大错，类似奸盗淫杀，玷污道风，造成极坏影响的就必须按照清规打四十大板，然后烧断眉毛逐出庙门。当然这些都是过去的事了，现在的清规大多只是用于研究古文化。今天道教的宫观也制定清规，不过都是采取道士们民主讨论的方式。

总的来说，道教的戒律讲究广济群生，恩惠及人，即把自己得到的恩惠反馈到别人身上，要与人为善，尽量帮助别人，怀着慈爱的心。这也体现了为道的根本。对于财物，道教的戒律强调顺其自然，不要过分在意，更不要贪婪，不义之财绝对不能去争取。道教认为只有遵守戒律才能有效约束、规范自己的欲望，才能使行为不过放纵，才能达到人生的完满，最终得道成为神仙。

九真戒：为亡者所持有的戒，遵守的人能升入九天做神仙，违反的人就只会堕入九地，经历痛苦。

魅力无穷的天国系统

——道教的洞天福地

事　　件：洞天福的来源及具体内涵
三　　岛：昆仑、方丈、蓬莱、
十　　洲：祖洲、瀛洲、玄洲、炎洲、长洲、元洲、流州、生洲、凤麟洲、聚窟洲

道教徒在意念中构造了一个类似人类社会的神仙世界，天神、地仙和四方鬼怪组成了完整的天国系统。许许多多的神仙、鬼怪魑魅组成了一个特殊的世界。那么他们都呆在什么地方呢？原来神仙们都住在鲜为人知的圣境——“洞天福地”。

道教的修行者认为神仙遍布神州大地的名山、名水，他们在那里修炼和养性。正所谓“山不在高，有仙则名；水不在深，有龙则灵”。既然有这么好的去处，于是道士们就更加期盼成仙，努力修炼。有些信奉、向往这些神仙的道徒便终其一生寻找这些洞天福地，然后在这些人间圣境中潜心修炼，以使自己早日变成神仙。

所谓的洞天福地都是道教徒臆想出来的，那么具体又是怎样一种情况呢？于是这些高道又充分发挥主观能动性，通过自己的想象，再加上全国各地民间已有的相关传说、故事，就分出了十大洞天，三十六小洞天，福地七十二处。当然这不是一个人、一个时期所能完成的。

首先说十大洞天，它是如何形成完善的呢？据说，在“十大洞天”的提法出现以前，先有三个仙岛。它们的名字分别是蓬莱、方丈、瀛洲，都在渤海中，是仙人所居住的地方，那里盛产可以使人长生不死的药。后来，这三个岛在道教徒的臆想中发展为十洲三岛，就是祖洲、瀛洲、玄洲、炎洲、长洲、元洲、流州、生洲、凤麟洲、聚窟洲等十洲以及昆仑、方丈和蓬莱三岛。

十洲，每个都有自己的来历。这些来历多为怪诞的传说，不可实考。譬如说瀛洲，根据道教的说法，在东方的大海中，生长有神芝仙草，还有玉醴泉，其中的泉水甘甜鲜美，人喝了几口就会醉，从此以后就可以长生不老。又如三岛中的方丈岛，也在东海，所有想要升天的神仙都必须在这里往来、逗留；而蓬莱仙岛在东海的东北海域，据说，大禹就是在这里受到上

关键词　洞天福地　三岛　十洲　十大洞天　三十六小洞天　七十二福地

天对他九年治水之功的表彰，升天成仙的。

十大洞天提法的出现，很可能得益于这些传说的启发。十大洞天都分布在名山大川之间，这些地方被道教认为是上天派遣神仙们在人间居住和进行统治的地方，有点天庭在人间“代办处”的意味。事实上这些地方多为唐代以前道教活动比较集中、比较活跃的地区。后来道士们根据需要，对这些道教名胜进行编排和整理，逐渐就形成了“十大洞天”。十大洞天分别是第一洞天王屋山洞，号为小有清虚洞天；第二洞天委羽山洞，号为大有空明洞天；第三洞天西城山洞，号为太玄忽真洞天；第四洞天西玄山洞，号为三元极真洞天；第五洞天青城山洞，号为宝仙九室洞天；第六洞天赤城山洞，号为上清玉平洞天；第七洞天罗浮山洞，号为朱明辉真洞天；第八洞天句曲山洞，号为金坛华阳洞天；第九洞天林屋山洞，号为龙神幽虚洞天；第十洞天括苍山洞，号为成德隐玄洞天。

另外还有三十六小洞天，它们在名山之中，也是神仙在人间的居所，分别是：霍桐山洞，称为霍林洞天；东岳泰山洞，称为蓬玄洞天；南岳衡山洞，称为朱陵洞天；西岳华山洞，称为总仙洞天；北岳常山洞，称为总玄洞天；中岳嵩山洞，称为司马洞天；峨嵋山洞，称为虚陵洞天；庐山洞，称为灵真洞天；四明山洞，称为山赤水天；会稽山洞，称为极玄大亢天；太白山洞，玄德洞天；西山洞，天柱宝极玄天；小沩山洞，

知识点击

道教福地——烂柯山的传说

传说很早以前，衢州府的王质家境贫寒，以砍柴维持生活。一次，在城南一座山上，他看见两个人在山洞里下棋。王质是个棋迷，看两人下的正起劲，就用斧头柄往地上一垫，坐在一旁观棋而不语。下棋的人一边下棋一边吃桃，看到王质，就掰了半个桃递给他。王质边吃边看，没等吃完，扔在地上的桃核已发芽长成桃树。再一看，自己的斧头柄都烂了，王质大吃一惊，赶紧下山回家，可是来时的路已然不见了。他于是边走边问，好不容易走到城边，却无法找到自己的家，只得向十里八村的人打听，才知自己的家人已过世好几百年，后代玄孙的胡子都花白了。王质后来才知道在山里遇到了仙人，山中一日，世上千年。而那两个下棋的人，恰是铁拐李和吕洞宾。后来，那座王质在上面不知不觉坐烂了斧柄的山就被叫做烂柯山。

杨玉环唐明皇在蓬莱岛的传说

相传，唐明皇的爱妃杨玉环被缢死于马嵬坡后，她的灵魂飘到了蓬莱岛上，岛上的金童玉女，把她接入“玉妃太真院”。后来，唐玄宗感念杨玉环，派了很多道士寻觅贵妃阴魂。道士们风尘仆仆，到处寻访，在此见到贵妃后答应她会尽早带唐明皇来蓬莱岛与之聚会。唐明皇得知杨贵妃魂魄去处后，不久一命归天，其魂魄来到蓬莱岛同贵妃相见。从此，两人又在仙岛上过着恩爱的夫妻生活。这成为民间流传很久的一个神话，唐明皇和杨玉环能在道教的洞天福地之一——蓬莱岛重续前缘，说明人们对美好爱情的向往和有意成全。

称为好生玄上天；潜山洞，称为天柱司玄天；鬼谷山洞，贵玄司真天；武夷山洞，称为真升化玄天；玉笥山洞，太玄法乐天；华盖山洞，称为容成大玉天；盖竹山洞，称为长耀宝光天；都峤山洞，称为宝玄洞天；白石山洞，称为秀乐长真天；岣嵝山洞，称为玉阙宝圭天；九嶷山洞，称为朝真太虚天；洞阳山洞，称为洞阳隐观天；幕阜山洞，称为玄真太元天；大酉山洞，称为大酉华妙天；金庭山洞，称为金庭崇妙天；麻姑山洞，称为丹霞洞天；仙都山洞，称为玄都祁仙天；青田山洞，称为青田大鹤天；钟山洞，称为朱日太生天；良常山洞，称为良常放命洞天；紫盖山洞，称为紫玄洞照天；天目山洞，称为天盖涤玄天；桃源山洞，称为白马玄光天；金华山洞，称为金华洞元天。

除了这些洞天，玉皇大帝还命真人参与治理人间，而这些得道的真人居住的地方也非同一般，即所谓的七十二福地。按照道教惯例，七十二福地亦分布在大川名山之间。它们分别为地肺山、盖竹山、仙磕山、东仙源、西仙源、南田山、玉溜山、清屿山、郁木洞、丹霞洞、君山、大若岩、焦源、灵墟、沃洲、天姥岭、若耶溪、金庭山、清远山、安山、马岭山、鹅羊山、洞真墟、青玉坛、光天坛、洞灵源、洞宫山、陶山、三皇井、烂柯山、勒溪、龙虎山、灵山、泉源、金精山、阁皂山、始丰山、逍遥山、东白源、钵池山、论山、毛公坛、鸡笼山、桐柏山、平都山、绿萝山、虎溪山、彰龙山、抱福山、大面山、元晨山、马蹄山、德山、高溪蓝水山、蓝水、玉峰、天柱山、商谷山、张公洞、司马悔山、长在山、中条山、茭湖鱼澄洞、绵竹山、泸水、甘山、瑰山、金城山、云山、北邙山、卢山、东海山。

从大小洞天和福地不难看出，道教修行者热爱云游，重视自然环境的清幽。下面我们具体分析几个有代表性的洞天福地。泰山，又名岱宗、岱山，它是五岳之首，号称东岳。在道教三十六

宋朝时，佛教与道教在一定程度上实现了融合。

洞天中，泰山被认为是第二洞天。据记载，晋代道士张忠曾隐居泰山，这是关于泰山最早道士的记录。泰山上的庙宇——岱岳庙的建立，分为下、中、上三重庙，唐代重修后称为岱岳观或者是老君堂。当时，唐代的皇帝派遣道士祭祀泰山神时都住在这个庙里。唐宋以来，泰山上陆续修建了青帝观、王母池、升元观、碧霞元君祠、玉帝观和会真宫等。明清时，泰山地区道教比较兴盛。直到现在，泰山上还保存着许多比较完好的道教建筑。又如衡山（五岳中的南岳），自古就是道教圣地。其中的水帘洞，被认为是道教三十六洞天中的第三洞天。道教的七十二福地中的青玉坛福地、光天坛福地、洞灵源福地，也都在衡山之上。衡山上的道观庙宇最重要的是南岳大庙，它是中国目前南方规模最大、保存最为完整的古建筑群。从东汉至明清，很多道士慕名来到衡山上，在悬崖峭壁里凿洞居住，并且虔诚修炼争取早日成仙。

武当山紫霄殿

武当山，道教四大名山之一，据说是真武大帝得道飞升之地。

再如陕西的华山，是五岳中的西岳，也是道教三十六洞天中的第四洞天。相传道教的老祖老子曾经到过华山。华山的北峰有一段险途号称是“老君犁沟”，据说是老子亲自用犁开劈的。北魏的道士寇谦之也曾隐居在华山，唐宋后，大批道士隐居在华山修道，其中有富于传奇色彩的道士陈抟。

其他如恒山、嵩山、茅山等我们所熟知的中国名山，几乎都有道教的洞天福地。很难说到底是道教洞天福地的传说给这些山带来了名望，还是这些山为道教神话传说增添了更浓烈的色彩。每处洞天福地都有美好传说的存在，已经成为一种独特的道教文化。人们带着对神明的向往和企盼，想象神仙们在这些地方居住，主持人间的正义。每逢洞天福地的庙会、香期，人们纷纷从四面八方来到这些地方，有的干脆就在这里隐居起来修道。

动静相宜的啸法

——道教的炼养方技

事　　件：啸法的源起、产生及发展
啸法起源：湘楚巫术
人　　物：阮籍、孙登、栾巴
啸法形式：长啸、吟啸、啸歌

炼养方技泛指道教为了延年益寿、羽化成仙采取的特殊的锻炼手段和方法，是具有修炼特质的养生法门。炼养的途径、法门很多，其中最有特色的莫过于动静相宜的啸法。

“啸”本是一种发声方法。作为一种发声方式，啸法是通过模拟动物和其他许多自然声音形成的。因为模拟的对象有很多，啸法也有很多形式，据《啸旨》记载，有深溪虎啸、高柳蝉啸、大海之啸等。意思就是说，学习啸法的人或者模仿深溪边的老虎吼叫，或者模仿在枝头上夏蝉的鸣叫，或者模仿大海在飓风中掀起巨浪时的呼啸之声。啸法有很多，算起来不下几十种。

啸法原本起源于湘楚的巫术，但其发展历史和道教方士、道徒的活动是密切相关的。那么啸法又是怎样与道教扯上关系并进一步成为道教的炼养方技呢？首先，啸法用“啸”这种特色发音方式，抒发内心情感，宣泄啸者的情绪。啸后心情必然非常舒畅、清新自然，这正是道教养生的目的所在。其次，它动静相宜的特点与道教哲学观

知识点击

炼养方技——胎息

胎息和啸法同是道教的重要炼养术，只是侧重点不同而已。胎息，实质上是人体在高度入定状态下所表现出来的一种自然本能，通过气功锻炼使人体的内外呼吸和谐一致，充分发挥其新陈代谢功能的一种生理状态。它并不像一些文献所说的那么神秘莫测，只要持之以恒，方法正确，任何人都可达到这种境界，从而有效地降低人体能耗，增色美容，强身健体，并促进人体潜在机能的开发。练功实践证明，胎息功对于培育元气，涵养精、气、神，治疗五劳七损都有显著效果，还可延年益寿。故而历代养生家极为重视，并积累了丰富的经验。

关键词　炼养　啸法　巫术　气啸　歌啸

竹林七贤图 版画

不谋而合。一方面，啸的时候舌头嘴巴牙齿都在运动，气流在人的身体内部穿过，对人体各个器官以及肌肉产生了一种意想不到的按摩和调节作用；另一方面，人在啸的时候神凝气定，达到一种物我两忘的境界。由此可见，啸法适合动静两种状态的练习，它以动的形式达到静的境界，适合在各种环境里锻炼。所以从古至今，行啸被认为是道教最有特色、最适合缓解压力和强身健体的炼养方式。

据说，魏晋时期竹林七贤之一的阮籍，通过对道教啸法的研习和个人在发音方面的天赋，把啸法向前推进了一大步，并且出人意料地使之变成了社会时尚，社会名流都争相研习。阮籍“啸”的非常有水平，受到众多追随者的推崇。因此被称为一代啸星，蜚声朝野。有一次，阮籍在苏门山中寻访著名的隐士孙登，想跟他谈谈玄学和道法，切磋气功以及修身养性的方法，顺便卖弄一下自己的“啸”法。可是孙登却始终一言不发，使阮籍非常尴尬，最后很失望地下了山。路上郁闷之际，他忍不住长啸几声，到了半山腰忽然听见山上也传来啸声，音如鸾凤和鸣，又像是管乐齐奏，在林谷之间回响不绝。原来那是孙登在长啸，阮籍原本想在孙登面前露一手啸技，这才发现对方已远远胜过自己。

啸有这么大的魅力，它究竟是何物呢？根据古籍记载，它的操作应该类似于今天的吹口哨。《啸旨·权舆章》中说，啸的发音位置在唇舌之间，依靠气流强弱的控制与口腔共鸣的配合。具体的行啸方法分为12种。

另外，啸法与音律也有关系。古代的啸者大都通晓音律，早期的啸包含着很多的音乐成分，啸者行啸时能够打动人心。据说，唐朝时有一个身犯重罪的囚犯本该被施以重刑，但在被太守审判定罪之时他长啸一曲，引得太守下令卸掉他身上的枷锁，让其自由地发啸。只听得清啸之声响彻云汉，感天动地，太守被感动就赦免了他的罪过。之后，啸法被音乐家用乐谱记录下来，成为固定的曲调，也就是“啸谱”。啸者通常具备良好的心理修养，发啸之前精神状态要好，神清气明，行啸时唇和齿的位置要摆正，舌与唇要密切配合，让气流从呼吸道振动喷出，同时配合以内在的意念调整，进入内功态，最终达到忘我的境界。

嵇康重道

嵇康是“竹林七贤”的领袖人物。他虽然不是道士，却十分喜爱老庄，相信真有神仙。他曾写过一本《养生论》，大力宣扬道教服散养生的妙用。他听说有一个名叫孙登的高道长年住在深山之中，夏天编草为衣，冬季则披发为被；既会弹琴，又擅长啸，便决定向孙登请教道法和琴艺。然而相见之后，孙登却一言不发，直到分手时才开口说：“你才学虽高，但不懂得保身之道，今后难免有杀身之祸。”后来，嵇康因为得罪了钟会而被进谗言，不久便被司马昭派人斩首于东市，年仅40岁。

关于啸法，中国古代经常见于史书的主要有三种形式，分别是“长啸”、“吟啸”和“啸歌”。长啸，就是长声发啸，阮籍的啸就是长啸。长啸的声音十分宽厚，穿透力很强，有石破天惊的宏伟气势。长啸的主要功能在于宣泄自己澎湃的感情和激荡的思绪。吟啸，就是一边吟诵一边啸，强调在发啸的时候辅之于吟诗的方式，用来增加声韵的清雅和意境的优美，这样的啸法又称为“啸咏”。这是社会名流、文人雅客经常使用的啸法，他们用这种方式来显示身份、地位和自己的风流、潇洒、不凡的气度以及学识。“啸咏”可以看做口哨艺术与诗歌艺术的融合，尽管我们无缘赏听它的正版原唱，但它的浑圆、优雅是可以想见的。“啸歌”，又被称作“歌啸”，是用啸声模拟歌曲的节奏。

在古书《虞初新志》中，曾经记载过一个关于“啸翁”的故事。传说，古代有个叫汪京的人，他年纪很大还能长啸，因此号称啸翁。每天夜半时分，太阳还没有出来的时候，啸翁就登上高山放声长啸。他的啸声在空荡的山

言之浊，可以通人事，达性情；啸之清，可以感鬼神，致不死。盖出其言善，千里应之；出其啸善，万灵受职。斯古之学道者哉。——《啸旨·序》

谷中回荡不停，犹如翻滚的阵阵春雷，山谷中的树木都震得瑟瑟发抖，林中的鸟雀都被惊吓得像没头的苍蝇一样在空中乱飞乱撞，纵然是豺狼虎豹也被他的啸声震得四散奔逃。汪京行啸的功夫实属上乘。据说，他曾得到“啸仙”的真传。他的啸声除了能够震天动地以外，还能模拟各种动物的鸣叫声，其中最拿手的是模仿龙吟。据说，他每次龙啸之前都要喝很多酒，直到喝醉了，然后就躺在江边长啸几声。由于他的啸声和真龙的声音没甚差别，江里的虾兵蟹将都不顾风浪游过来，前来参拜。汪京的啸法有很强的功力，他要是面南吸气，然后对着东方长啸，便能形成强劲的西风，如山呼海啸一般。不过有一次，由于用力过猛，而且啸的时间过长，他竟然把自己给震晕了过去。可见他的行啸功底非同小可。

随着时间的推移，啸法也在不断向前发展。啸由最初的单纯模仿自然声响（自然声响包括规则的声音和不规则的声音）渐渐地分化成两种，一种是模仿节奏自由、便于灵活掌握的“气啸”，另一种是我们上面所提到的“歌啸”的进一步发展。气啸保留着原始的形态，而歌啸顺着人工音乐的轨迹发展，渐渐地加入人为色彩，这两种啸法各有各的特色，但也有相通的地方。啸法流传到汉代时，才被道教吸收，成为一种特殊的养生方技，也是一种禁咒的法术。日后随着道教组织的不断壮大，各种关于啸的传说在民间不断地润色、丰富，流传下来，甚至有人把啸当做道教中得道高人所特有的一种高级法术，有着特殊的法力，可以用来降妖除魔。

在葛洪的《神仙传》中就记载着这样的故事。汉朝时，有太守栾巴听说在庐山上有一座神庙，神可以在帷幔之后和前来朝拜的人对话。栾巴认为那是不可能的事情，一定有妖魔鬼怪在作乱。于是，栾巴准备率领众人去捉拿鬼怪。假扮神仙的鬼怪听说后害怕极了，就化成一个书生，跑到齐郡太守家里，自称上知天文下知地理，诸子百家三教九流无所不通无所不晓。没想到他的夸夸其谈竟博得了齐郡太守的好感，还娶了人家的女儿。随后追来的栾巴等人还是认出了妖怪的本来面目。而栾巴是个隐于世间得道的高人，他掌握了行啸的法术，于是对着空中长啸数声，书生被震慑得露出了原形，原来是一只狐狸。

鉴于啸法有如此神奇的法力，道教各门派都把啸法作为秘而不宣的绝学，在本门中每一代也只传给少数几个有悟性的弟子。啸法就这样一直在道教中被秘密地传授、研习和发展。

行嘯方法有王少、王太、比、小沈、大沈、散越、含、藏、内激、外激、疋等。

延年益寿，兼济天下

——道教医学

事　　件：道教医学的产生、发展与影响
人　　物：孙思邈、葛洪、陶弘景、陈撄宁
医学典籍：《千金要方》、《千金翼方》、《黄帝内经》、《太平经》、《神农本草经》、《伤寒论》、《金匮药方》、《肘后救卒方》

道教重视养生，在历史发展的长河中道教养生学与中国的传统医学呈现出彼此交融、相互促进的态势。道教修行者出于自己强身健体、延年益寿、得道成仙的需要，在不断吸纳中医有用成分的同时，又把自己摸索的强身、养生技法以及药物学知识带入中医理论。因此，道教是中国古代宗教中对传统医学发展贡献最多的宗教。

孙思邈像

孙思邈（？～682），京兆华原（今陕西耀县孙家塬村）人，唐代道士和道教学者，著名医药学家，擅长阴阳推步，尤其精于医学。据说他7岁开始读书，少年时即对《老子》、《庄子》有较为深刻的理解，对佛教经典也有兴趣。

道教组织为生存和发展，自觉倚重医学传统。不少道教徒同时兼有高道与名医的两重身份，他们或者直接从事医学实践活动，或者整理编排中国传统医学的重要典籍，或者埋头撰写医学书籍。如唐代著名高道孙思邈，精通导引、针灸、气法、方药、房中等诸医药养生之术，后人称之为药王。他写的《千金要方》、《千金翼方》、《摄养枕中方》、《保生铭》、《存神炼气铭》、《摄生论》等医学专著，在医学史上占据重要地位。其他诸如葛洪、皇甫谧、陶弘景、杨上善等人，都是道教医药学家。

道教修行者不仅要保持道教的延续，更重要的是追求成仙。因此他们一方面继承先秦道家的养生精神，另一方面虚心吸纳儒释

关键词　养生　道教医学　方术　宇宙观　世界观　医药学

食气养生图 清 黄慎

辟谷术达到高级阶段时才真正算得上“辟谷食气”，图为一位食气养生的人物像。

两家的某些合理因素，积极探索，不断推陈出新。所以它的修养之术对生命本质的探求最为深入，内容也最为丰富。

在兼收并蓄的基础上，道教医学形成了自己的独立系统，方术是其中重要的一支。而方术体系本身又极为庞杂，其中主要是与养生、成仙相关的神仙方术，具体包括炼丹、辟谷、行气、导引、存思、按摩、武术、服食、房中等诸多领域。每个领域又有许多分支，如炼丹术中，就涉及到许多药物学知识；而行气、导引其实就是保健医疗以及气功。因此道教的教义本身就带有相当的医学成分。而道教的符咒之术有很多也可以视为治疗心理疾病、精神疾病的有效手段，当然这和道教最初研习符咒的初衷并没有太多的关系。

同时由于历史原因，道教的组织体系过于庞杂，内部派系林立，既相互依赖又彼此对立，几乎每一朝每一代道教都有所改革或分出新支。各宗各派在教义的理解和诠释方面互不相同各有侧重，在利用方术进行教化时也各具特色。如东汉末年的张角创立太平道时，主要用心理暗示法作为治病的主要方法，即用符水当做药

王怀隐像

王怀隐本为道士，精通医药。北宋太宗时奉诏还俗，任尚药奉御，后升任翰林医官使。978年奉诏主编大型医学方书《太平圣惠方》，于992年编成。

导引、调息、内丹、辟谷、内视、房中等是道教医学中最具特色的部分。

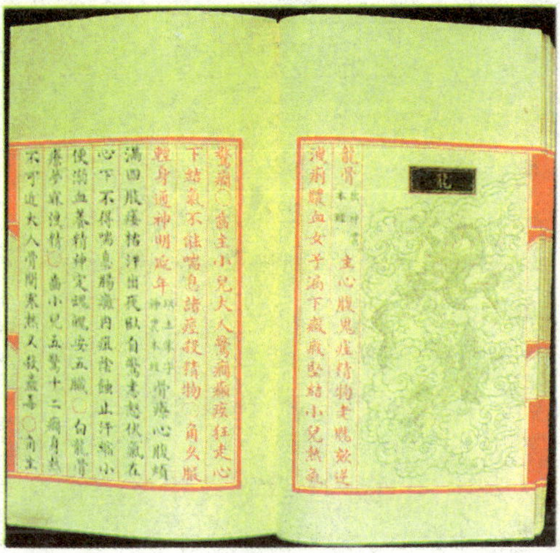

《本草品汇精要》书影

《神农本草经》被后世医药学家尊为本草学经典。南北朝时陶弘景撰本草著作《名医别录》时，将《神农本草经》的原文用朱笔书写，而将后人增加的内容用黑笔书写，以示区别。这部由明代刘文泰等奉敕编纂的《本草品汇精要》，就是采用这种体例。

物，给前来求医的人治病。张陵、张鲁在巴蜀、汉中开创五斗米道时，也用类似的“祷告”方法来替人祛除疾患。而魏晋时期活跃于江南一带的李家道不仅使用符水，还辅之以导引、行气、服食等其他方法。

除此之外，连结道教与传统医学的关键纽带是二者的宇宙观和生命观。它们都认为天人合一，认为阴阳平衡、四时调适是维系生命和保持健康的基本条件；强调预防胜过治疗，生命之本在于修养。道教史上举足轻重的几个人物如葛洪、陶弘景等人都曾提出独立的医学和养生思想，强调炼形和养性同样重要，主张性命双修。

道教的世界观属于朴素的唯物世界观，所以该教强调人的价值，重生轻死。道教徒希望通过修炼掌握自己的命运，于是通过各种修生方术安形固神、延年益寿。遂产生了许多养生的思想和方法，其中许多与传统医学不谋而合。从某种意义上说整个道教史也是一部养生史。

在道教的各种典籍里，医学占有举足轻重的地位。《后汉书·方术列传》，就一度把天文、医学、神仙、占卜、相术、命相、遁甲、堪舆等内容罗列在一起，当做是中医的特色理论。显而易见，其中有很多是方术内容。可见古人习惯于将医学和道教方术列入同一个范畴。而道教所尊崇的祖师——黄帝，唯一传世的著作《黄帝内经》奠定了中国传统医学的理论基础，这已经是不争的事实。另外，还有很多道教专著中间穿插医理，或医、道混讲，如《南华真经》、《太平经钞》、《黄庭经》、《胎藏中黄经》、《太乙导引三光宝真妙经》、《大洞真经》等。许多时候人们很难分清哪些是纯粹的医学书，哪些是单纯的道教著作。道教和中国的传统医学已然水乳交融。

《太平经》是道教早期的一部重要

道教医学是一种宗教医学，其理论基础包括天人合一、天人相通、天人相应的思想。

杏林的由来

“杏林春满”、“誉满杏林”常常用来称颂医家，而有关“杏林”的称谓却源自于道教人物，是他们妙手回春的医技和崇高医德的明证。相传三国时吴国的道人董奉在庐山为人治病，医术非常高，药到病除。经他治疗过的人都很感激，痊愈以后想要报答他，然而董奉却不收任何报酬，只要这些人在他的门前种几株杏树。光阴荏苒，过了一些年，随着他治愈病人的增多，门前的杏树越来越多，竟然形成了一个方圆几里的杏树林。以“杏林”来赞誉良医的习惯就此产生。在葛洪的《神仙传》中列出了董奉的名字，有关他行医的事迹，一千多年来在民间广为传颂。

典籍，记载了早期道教医学思想和方法的精髓。书中阐述了气是维持生命的基本要素，认为天地、阴阳、五行、四时运动是疾病的根源，想健康长寿必须重视自己的精、气、神，主张用辟谷、调息等方法来调节生理机能。另外，书中列举了一些疗法，如卜卦、针灸、药物、祈神、符祝等，同时保留了许多民间流传的有效处方。道教的重医传统此后一直延续下来。

以上只是谈到了道教重视医学，注意从传统医学中汲取营养，其实传统医学得益于道教修养术也不在少数，道教修养术涉及祛病健体、修身养性、延年益寿等方方面面，具体手法有服饵、食疗、行气等，甚至于在美容领域都有一套。据葛洪《神仙传》记载，道教方药中有一味“打老儿丸”可使人青春永驻。故事说，古时西河的一位少女手里拿着棍子追打一白发老者，路人以为少女不肖，上前呵斥女子。少女却说老者是自己的儿子，路人诧异，问之则曰：“吾今年已过百，此是吾儿，年方七十余，只不肯服家传秘药致老。吾今教训之。”该药由此得名“打老儿丸”，亦称“神仙训老丸”。其药方十余味药，有山药、远志、白茯苓、杜仲、枸杞子、熟地黄、肉苁蓉、五味子、石菖蒲、山萸肉、牛膝、舶茴香等。

从大的方面看，《黄帝内经》、《神农本草经》和《伤寒论》三部医学著作在中国传统医学史上具有里程碑式的意

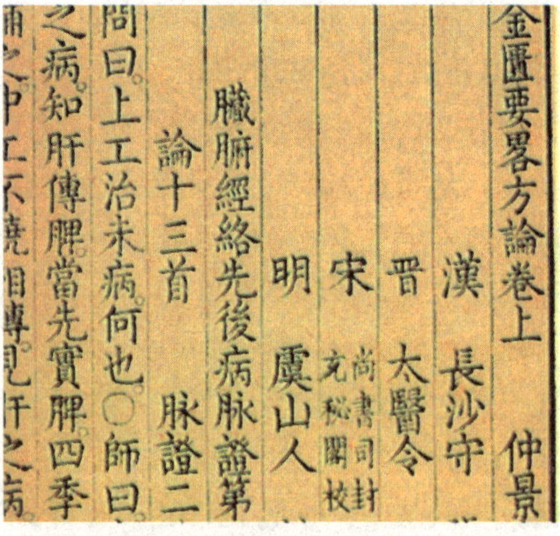
金匱要畧方論卷上　仲景
漢　長沙守
晉　太醫令
宋　尚書司封　充秘閣校
明　虞山人
臟腑經絡先後病脉證第
論十三首　脉證二
問曰上工治未病何也○師曰
之病知肝傳脾當先實脾四季

《金匮要略》内页

道教医学中的符、占卜、咒语、祭祀等与道教的神秘文化分不开，具有心理疗法的功能。

义。而这三部书中道教著作占了两本，由此不难看出，在中国传统医学的发展过程中，道教医学是一支不可忽视的力量，有着举足轻重的作用。

另外，一些高道在修道的同时把大量心血倾注在医学领域，直接推动了传统中医药学的发展。道教的重量级人物葛洪一生喜好神仙导养术，他著有《抱朴子》内外篇，还写下了在医学史上颇有影响力的两部力作——《金匮药方》和《肘后救卒方》。尤其是后者，具有鲜明的简、便、廉、验等特色。《肘后救卒方》共收集药方70多个，每个又辖若干子方，涉及内、外、妇、儿、五官、伤骨及精神各科，尤其长于各种急症的处置，其方法简便易行。如用竹筒来固定骨折，用芦管吹气抢救窒息病人；还有各种中毒解救法、烧灼止血法、食管异物处置法、导尿法、灌肠法等。所用的药价格低廉且随处可见，如大蒜、葱、姜、豆类、牛乳和家禽、家畜等。总共列举有350多种，植物药约230种，动物药约70种，矿物及其他药物约50种。在书中，葛洪还纠正了当时针灸重穴名，言明其处所分寸的谬误。该书内容异常丰富，为我们研究魏晋时期的医药学留下了一份宝贵资料，书中所载的许多内容在今天看来仍然有较高的临床价值。世界上首例防治狂犬

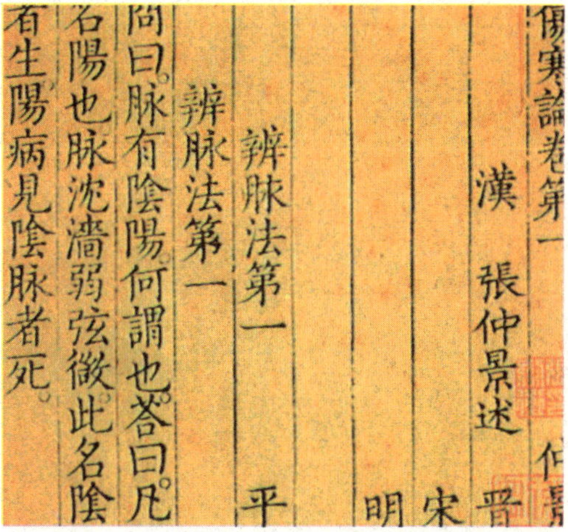
傷寒論卷第一
漢 張仲景述
晉
宋
明
辨脈法第一 平
辨脈法第一
問曰。脈有陰陽何謂也答曰。凡
名陽也脈沈濇弱弦微此名陰
者生陽病見陰脈者死。

《伤寒论》内页

张仲景著《伤寒杂病论》，被后人整理成《伤寒论》和《金匮要略》两书行世。

病的病例就记载在这本书中。葛洪在其医学专著中表现出来的丰富的药物学知识，表明其在追求炼丹成仙的同时，还是一位医德高尚、医技精湛的良医。

道教另一著名人物陶弘景也有着多种医药学著作，他最大的贡献是对《神农本草经》的整理。作为中国最早的药物学著作，《神农本草经》传至南北朝时已经非常凌乱，还有很多错误，给临床医疗带来很大不便。陶弘景对原《神农本草经》中的365种药物详加考订，结合汉魏吴普、李当等人的药物学研究成果加以参校和增补，汇成一册，题名《本草经集注》。书成后，收药730种，数量上比原来的《本草经》翻了一番，分类上也比以前有了明显的进步，这部

医、道有着共同的思想渊源，易学思想、阴阳五行说、老子哲学思想都是传统医学和道教的源头。

茅山道士和陈毅

抗日战争期间，茅山道教的辛三仙道长是一代名医。当时，陈毅带领一支新四军队伍在茅山周围抗击日军。新四军的伤病员缺医少药。陈毅打听到老道长开了一间辛三仙诊所，因为不愿意为日本人看病而躲进茅山深处的干元观。于是他亲自登山拜访，进门时故意高声吟到："出家非出国，传道当传义"。老道长也吟出一句诗作答："只在此山中，云深不知处"。但谈话一开始辛三仙却拒绝了陈毅的请求，后来他意识到新四军是为人民利益而战，就主动把陈毅请回来，还和他交了朋友，并把一年来采集的所有中草药全部捐献出来，同时将干元观作为新四军的后方医院。日军在大扫荡中，于干元观搜捕陈毅遭到拒绝，遂杀害了辛三仙老道长，并放火烧了干元观。爱国拥军的辛三仙道长受到了后人的无限崇敬与怀念。

陶弘景像

陶弘景收集注释的《真诰》是道教最重要的经典，编注的《真灵位业图》则排列出庞大而完整的神仙谱系。这两部书对道教走向完备、成熟有巨大的贡献。

书的字里行间都显示出陶弘景严谨的治学态度。这是中国历史上第一次对《神农本草经》进行全面整理和总结。《本草经集注》在内容、体例方面为后人撰写医书提供了范例，陶弘景被认为是中国医学发展史上举足轻重的人物。

在当代，著名的道教界代表——陈撄宁先生，在精于道学的同时，也以医道著称于世。用独到的修养方术来治疗自己和他人的疾病，已取得不小的成就。另一位丹医家张觉人，致力于学道，同时兼行医和中医教学。他以道教独有的"玄门四大丹"来治疗各种外科疾病，尤以善治肺痨闻名，被誉为道门的"虚痨专家"。

由此可见，从上古时代到21世纪的今天，道教医学与中国博大精深的传统医学始终是不即不离，你中有我，我中有你，密切结合在一起。二者不断融合，各自又都有所创新。

道教医学的理论基础包括天人合一、天人相通、天人相应。

羽化成仙

——道教的修持

内　　容：道教修持的目的及形式
修持目的：我命由我不由天
修持形式：早晚功课、炼气、云游、斋戒

道士们想要羽化成仙，就必须潜心修炼。那么所谓的“修炼”有特定的程式吗？答案是：有。但真正的道家修炼不仅仅局限于在供奉的神仙面前虔诚的祷告、诵经，或者道袍鹤冠的道士们带上简易的行李到处云游一下。其实这些只是道士日常修持（修炼的正式称谓）的一部分。经过长期地发展和完善，道教各宗各派都已形成一套完整的修持制度。

诵经是道教日常生活中必不可少的环节，道教认为通过诵经能够达到上消天灾，保镇帝王；下禳毒害，以度兆民；生死受赖，其福难胜，从而最终达到修身养性，祈禳神灵，坚定道心的目的。

所谓的修持，就是修性持命。具体而言，“性”指精神，“命”指肉体。修持就是通过一定的程序和方法，实现对自己精神和肉体的控制，达到“我命由我不由天”的修持目的。不同类型的道士修持方式也不同。其中宫观道士主要修持形式之一是早晚功课。早晚功课就是道士们每天早晚两次上殿念诵经文。早期道教没有早晚功课之说，南北朝时，道教宫观道士的修持才与早晚功课的形式开始接近。大约在明代中晚期，道教的早晚功课制度正式形成，并作为道教主要宫观一种普遍的修持形式。

宫观道士早晚功课的内容大致相同，主要是经、诰、咒。这些经书的装帧一般比较讲究，多为黄绫封面。道士们人手一册，平时也要研习，等到早晚功课的时间，大家一起来到大殿诵读。有时还有经师或高功领读。早晚功课的诵经、祷告、念咒是很庄重的事情，对于修持者而言，也是很重要的。所以大家都不敢怠慢，不管是念（有时候也唱）的，还是敲打木鱼、

关键词　修持　性　命　早晚功课　诵经　祷告　念咒　炼气　导引云游　斋戒

盛丹砂药盒 唐

铃铛予以配合的。由于宗派及地区上的差别，早晚功课在细节上还是有差异的。如全真派的早课内容是歌颂北五祖、南五祖以及北七真这些本门本派祖师爷的“北五祖诰”、“南五祖诰”和“七真诰”；茅山道士的晚课中有“三茅真君宝诰”等；正一派的晚课则为颂赞本派祖师的“祖天师宝诰”和“虚靖天师宝诰”等。

这些具体内容有些差异，然而早晚功课的程序是相同的，大致包含三部分，先是念诵各种咒，有《净身神咒》、《净口神咒》、《净天地神咒》、《金光神咒》、《安土神咒》、《祝香咒》、《开经偈》、《上元天官宝诰》等；然后是几部经，这些经有的属于各门派，有的则是通用的，类似公共课，如《太上老君说常清静经》、《太上灵宝天尊说禳灾度恶真经》、《高上玉皇心印妙经》等；最后通念通诵各种诰、经、咒等，是活动的高潮。而晚课一般只包含两个部分，即经和诰。

宫观道士日常举行早晚功课的意义，毋庸讳言有助于修成正果，但除了有利于修道，另一个重要的作用就是养生。据说，道士在作早课时多在早上的卯时（大致是北京时间的5点到7点）。那个时候，太阳刚刚升起来，阴气没有大动，道士们的饮食也没有开始。通过早课，能打通血脉，产生清净平和的心境，为一天的修炼打下良好的基础。而道士们的晚课时间一般集中在酉时（大约是北京时间的17点到19点）。这个时候人已疲倦，阳气衰微。与此同时，阴气渐渐上升由衰变旺，这时人易沾染邪气。通过晚课，道徒们能够及时地消除疲劳，使内心世界慢慢地平静下来，击退邪气，巩固一天修炼的成果。而且这样在上床休息之前不至于十分疲乏，有利于晚上的睡眠。

早晚功课是观居道士例行的修持。

道家一直主张逍遥处世，不为外物所扰，洞察外物以观自身，最终达到人道以合、天地相亲的境界。

除此之外，道教修持的重要内容还包括炼气。所谓炼气就是持久锻炼导引和呼吸，目的在于融会天、地的精气于一身。而“导引”，顾名思义就是导行肢体，引通经络。很早的时候，人们就意识到导引的重要性。据《庄子》载，“熊经鸟伸，为寿而已矣，此导引之法，彭祖寿考者之所好也”。另外，东汉末年的名医华佗所创五禽戏，也属于导引的范畴。据说，不停地练习导引成为习惯后，就可以祛除疾病，长生不老，甚至于达到成仙的目的。可见导引确实能够强身健体。

具体地说，炼气主要是宝气和行气。宝气就是以己身之气为宝，即爱惜自己体内的气，不胡乱耗费自己体内的真气。而行气包括两个层面的意思，一是不停地炼气、聚气，而要确保自己的气不停滞，不淤积，始终如一地保持顺畅。道士日常修持炼气的目的，不仅是为了修身养性，也是为了在意念上和神明进行沟通。炼气起源于远古时代，后来的道教养生家们继承这一养生方法，在唐代高道孙思邈的努力下发扬光大。宋元以后，内丹术流行，炼气被认为是内丹术的第一阶段，其地位越来越高，逐渐成为道教徒日常修持的一部分。

道士修持活动的另一种形式是云游。道教刚刚创立的时候，并没有云游的修持方式。随着历史的发展，到了魏晋南北朝时，一些著名的高道如陆修静等人曾为搜求道书，寻访仙踪，到处游览祖国的名山。这种寻道访仙的行为到后来逐渐演变为道教徒的一种主要修持方式——云游。北魏高道寇谦之先后在华山、嵩山等名山修炼，足迹几乎踏遍了中国的名山大川。一些著名高道频繁的外出访道，传播自己的学术思想，对云游制度的建立起到很大的影响作用。全真派创立以后，全真宫观迅速发展，全真派道士正式建

全真道的早晚功课

全真道派历来十分重视早晚功课的修持，早晚课是全真道宫观道士的必修课。金元之交，著名高道王重阳建立全真道伊始，亲自定下了一系列清规戒律，后人称之为丛林制度，到现在已有八百多年的历史了。白云观等全真道派的重要宫观至今保留这一诵课传统，凡住宫观的出家道士，每天早晨五更天就必须起床，开始斋沐漱盥，整肃衣冠，洒扫庭院、殿堂，之后便上殿诵读早坛功课经。每天晚上，用完斋以后，等到晚坛的鼓声一响，宫观内的道士便立即整肃衣冠，再次齐聚大殿之中诵读晚坛功课经。一年365天，无论寒暑、雨雪、风雹，天天如此，从不懈怠。

道教修持在古代有许多名称，如修道、修真、养生、卫生、长生术等，现在一般称为“修持”或“养生”。

道士化缘图

云游的道士生活艰苦，他们通常靠化缘来维持基本的生存。上图为《北京民间风俗百图》中的道士化缘图，图中道士手持铜钹，身背木牌，上画神像。

立了云游和挂单制度，于是道士云游再也不用为食宿担心，云游成为道士们修持生活不可或缺的一部分。历代全真派道士都把云游参访视为重要的修持方式。

云游这种修持形式，是对道士们学道、修道有无诚心的考验。因为高道习惯于在人迹罕至的深山老林里修炼，云游的路途一般都十分遥远和艰险。一路上，条件非常艰苦，有时还遇上绿林强盗、狼虫虎豹等，生命都危在旦夕。尽管这样，全真祖师们还对云游参访的道士提出许多严格要求，如只能携带最简便的衣服、钵盂、云笠、蓑衣生活用品等。这就迫使在云游中生存和传道的道士，必须具备多种野外生活的本领，诸如看风水、相命、能写会画、祈禳等谋生手段。尽管云游四方会有许多艰难困苦，但道士们在云游中可以寻师访道，兼向民众普及道教教义。他们认为这非常重要，而且还把它作为体现自己意志以及向神明表示修道决心的一个机会，刻意在这个过程中磨炼自己。

作为道教的一员，道教徒日常修持的重要内容必然少不了“斋戒”。道教修行者大都认为，斋戒修持是学道的阶梯，通过这种方式可以使自己经常保持身心的洁净、虔诚的向道之心。道教创立之始，就继承中国古代的斋戒之法，用来约束道士的身心。唐宋以后，斋戒和诵经等合并起来，成为道士日常修持内容。

道教徒的修持是其向道、学道、修道的核心内容，也是其得道、羽化成仙的主要途径。在修持的过程中，道士们不仅可以深刻领会先师的教诲，把握教义的精髓，同时还可以修身养性，强健体魄。

修持是道教徒得道升天的重要途径。

算命、看相、风水

——道教术数

事　　件：占卜术数的产生与发展
术数种类：算命、看相、风水、符谶、奇门遁甲
关键人物：陈抟、李虚中、徐子平、郭璞
主要典籍：《麻衣相法》、《冰鉴》

道教的方术中包括大量的术数，如果细分的话，包括算命、看相、风水、符谶等若干方面。这些关于占卜的术数并非道教独创，它们当中有的非常古老，长期以来广泛流传于社会各个阶层。但道教把它们纳入自己的方术体系后将其发扬光大。

道教在吸收传统占卜方面的成果以后，逐步形成了自己的术数体系。大致分为相术、算命、堪舆、卜筮、说符命、推背图、奇门遁甲等门类。相术是根据人的气色、手相、面相，有时还要看骨架的形状，进而推算其前程和命运的一种方术。它起源于先秦时候，五代北宋之间的道士陈抟加以发扬。传说，他的相术非常了得，在当时妇孺皆知。据记载，当时的统治者都很赏识陈抟的相术。一次，宋太宗请他为自己的儿子赵恒（即宋真宗）看相。陈抟还没有走到皇子的居所，就折回来了。太宗问他为什么，他却答道："殿下之近人，尚多将佐之相，殿下又何必相？"意思就是王爷身边的人都有将佐的面相，我还相王爷做什么用呢？太宗皇帝大悦，遂立其子恒为皇太子。据说，陈抟所擅长的就是相术中的骨相术。

陈抟像《列仙全传》明

关键词　术数　相术　算命　堪舆　卜筮　符谶　《推背图》

相面图

天有不测风云，人有旦夕祸福。为预知未来，人们常求助于卜师，于是“算命”、“看相”的行当应运而生，并在民间广为流传。要算的无非是财（发家）、运（官运等）、子孙、寿数等。

据民间传说陈抟的相术源于其师傅——麻衣，后世流传着据说是麻衣所著的相术著作《麻衣相法》（又作《麻衣神相》）。但该书论述的相人术多为面相法，与陈抟的骨相术离得较远，估计是后人托名之作。相术由于其前瞻性和神秘性，历代都有人钻研这门学问。近代的曾国藩就精于此道，他著的《冰鉴》一直受到人们的推崇。

除了相术之外，算命也是以预知人的前程、命运为目的的，因此又称为推命。具体以人出生时的年、月、日、时的天干地支作为推算的依据和凭借。年、月、日、时四个干支一共是八个字，所以这种方术又叫做排八字。四个干支被形象地比喻为生命的四个支柱，因而该法又称为四柱推命术。八字算命法起源于唐德宗时的高道李虚中，到了宋代，徐子平加以改进。这种八字算命法，以阴阳学为基础，通过演算四柱的五行相生相克的关系，判断一个人一生或某一个特定时期的吉凶。不过，现实生活中多有打着“排八字”、“算命”的幌子骗人钱财、误人前程的现象。我们不应轻易相信这些东西。

道教的术数还包括堪舆。它起源较早，早期的五行家用以推测天文、地理的五行气运。后经过道教改造，用于修房、墓葬等选址的占卜。郭璞的《葬经》曾说：“气乘风则散，界水则止。古人聚之使不散，故曰风水。”所以俗称看风水。这种方术主要目的虽然也是预知吉凶，但是它不同于相术和算命。因为前两者主要是针对个人，而后者则多为相看环境。看风水到底有无意义，有多大意义，我们先不去讨论它，但它作为道教

邢和璞的心算术

邢和璞是唐代的一个道士，他擅长心算术，在心中一算，就能知道吉凶祸福。据说他有位老朋友崔司马，老迈多病临近死亡，心中老惦念着邢和璞，希望邢和璞能救他一命。这一日，他忽然听到卧室北墙上有挖掘的声音，让家人去查看，都说什么也没见着。北墙隔壁便是家人的居所，大家也都没发现什么。崔司马耳边的挖掘声一直响到了第七天，墙上忽然出现一个粟米大的透明小孔，问周围的人，又都说没看见。一天之后，这孔变大，有如盘子。崔司马从孔穴中望出去，见有几个人持着铁锹站在穴边休息。崔就打听他们在干什么，他们异口同声地回答说：“是邢真人安排这么做的。崔司马灾厄严重，做起来十分吃力。”过了一会儿，就见邢和璞乘车而至，站在几步远的地方对崔说：“老兄的阳寿将尽，我为你再三说情，才得以延长十二年。从此以后不用再担心了。”邢说完，墙壁上孔穴也就不见了。十余天后，崔司马竟完全康复。

《冰鉴》是晚清名臣曾国藩的鉴人专著，他摒弃传统相术习俗，就相论人，就神取人。

古人占卜图

占卜是一种证明上天认可或预见人与自然失序的方法，因此在中国传统的生活中是必不可少的。

方术中重要的组成部分，在民间广为传播却是事实。至今仍然流传着许多关于风水的逸闻趣事。传说在福建的莆田，有一名叫柯四的人，家里开着一间米铺，过着并不富裕的生活。有一次，一位风水先生为附近的一个富户占卜寻找一块风水宝地做坟地。该风水先生选中一穴，当天晚上就睡在穴中，在梦里他却突然听见土地神在呵斥他说：“这是柯状元家的祖坟，你们这些平常人怎么能够侵占呢？你赶快走吧，否则一定会有大祸降临的。”风水先生吓坏了，第二天就把土地神的话告诉了请他来的主人，让他另择葬地。后来，风水先生来到柯四米铺，得知米铺的主人姓柯，就问他家有没有葬地。柯四说：“我父亲的朽骨，还没有选好地方下葬。”风水先生便把那块墓地推荐给柯四。于是，柯四把父亲的遗骨迁移到那块地里。其后不久，柯四和他的妻子就生了一个儿子，起名叫柯潜，柯潜长大后果真中了状元。从此，这一带关于柯家风水的故事就传开了。

卜筮，最早出现在商周时代，有龟卜、筮占等。龟卜利用龟甲烧灼的裂纹

郭璞算卦

郭璞是晋代著名的卜筮家。晋明帝15岁时，当时执掌兵权的王敦想拥兵谋权，要他献上大计。郭璞却莫不做声。王敦说：“我昨晚梦见有人在石头城外的江水中扶着犁耕耘，你给我卜一下。”郭璞卜完后说：“造反必定不能成功。”王敦大怒又问：“你再卜一下我的寿命有多长。”郭璞说：“从卦象看，你要是造反，必有大祸，寿命不会长。如果不反，安住在武昌，寿不可测。”王敦更怒，于是王敦下令杀郭璞，押到城外南岗去砍头。

郭璞被押赴刑场，要求刽子手用自己备好的刀行刑，刽子手答应了他。实际上郭璞带的刀事先用道术炼过，用这把刀行刑，将来能够复活。郭蹼下葬三天后，有人又见到郭璞，熟悉的人纷纷和他说话。王敦得到报告，怎么也不相信，派人将墓掘开，棺中无尸，原来郭璞真的复活了。

堪舆源于道教之易经思维，是以“自然、平衡、和谐”的天人感应之理念来改善命运、调整运势的秘术。

来判断吉凶，筵占是拿一根特定的草，以叶子的分合和数目作为占卜的征兆。后来，筵法得到改进形成一定规律。《周易》就是这方面的典籍。

术数中的符谶，在中国民间也非常流行，其内容多涉及政局的变动以及改朝换代等重大事件，据说极其灵验。谶，是中国古代一种神秘的预言。符命就是某人合天命可以做皇帝的意思。这些本来是汉代儒生的创举和擅长，道教形成后，为争取教众和政治上的支持也继承了这一做法。由此可见道教兼收并蓄的特征。统治者也自觉利用这一点笼络人心。如齐末萧衍起兵时，道士陶弘景曾派弟子上符命，萧衍采纳他的建议，定国号为梁。

龟甲骨卜辞 商

在中国各地的古文化遗址中，都曾发现过大量以动物肩胛骨或龟甲制的卜辞。上图为商朝用来占卜吉凶的龟甲，上面记录的是占卜的结果。

符谶发展到隋唐之际达到及至，出现了令后人百思不得其解的《推背图》。据说，该图曾预言了武则天乱唐之事，唐太宗为此迁怒于袁天罡。传至南宋，赵匡胤害怕这幅图会引起民心的动荡，于是将《推背图》的次序全部打乱，还篡改了很多，想混淆真伪阻止该图的传播。

同《推背图》一样富有传奇色彩的还有奇门遁甲。遁甲本来是用来选择时间和方位的术数，非常复杂。它主要是利用时空因素来排局布盘。盘分天地人，天盘为九星，地盘用九宫八卦，人盘为八门。根据一定的规则，把阴阳、天干地支和二十四节气结合起来，排出一种历法，判断时间、方位和占断吉凶，从而趋吉避凶。奇门遁甲和古代天文历法学联系紧密，是一门综合科学术数。书中阴阳、五行、天干地支、河图洛书、八卦九宫形成一个整体，和合熔融，对使用者是一个很大的挑战。

道教的数术源远流长，在从古至今的发展过程中又兼收并蓄，内容十分庞杂。其中有许多封建迷信的糟粕，但也不乏有一定价值的反映自然、社会规律的精华。

《推背图》采取卦辞的形式，有图象六十幅。

井然有序显庄严

——道教的神仙谱系

事　　件：神仙谱系的产生与流变
代表尊神：真武大帝、文昌帝君、五星七曜、太岁、城隍神、灶神
主要典籍：《太平经》、《元始上真众仙记》、《真灵位业图》

真武大帝像

道教认为，所有的神都是由道气所化，而天地间的道气是无限无穷的，无限的气可以不断生出神人、真人。因而得道成仙的人越来越多，同时志士仁人、贤达忠烈以功德成了神，一代代地累积，仙班队伍迅速扩大，人数也很可观。这样一个庞大的、纷繁芜杂的神仙队伍，自然需要按照一定的规则组织成神仙谱系，方显其神圣和庄严。

道教神仙系统的排列和等级古已有之。早期的《太平经》就已经开始对神仙排序。魏晋南北朝时期，道派逐渐增多，各派尊奉的神和祖师也不一样，面对出现的新情况，道门中人整理出如《元始上真众仙记》之类的典籍，对广为人知的神仙进行重新排序。齐梁时的陶弘景写下了带有总结性的《真灵位业图》，使庞大的神仙系统井然有序。陶弘景是梳理神仙谱系的第一人。后来，道教的仙班队伍进一步扩大，神仙谱系也渐渐扩大到包括三清、玉皇和四御为首，以及他们统辖下的各类仙真、神司的完整体系。

神仙谱系始终是开放的，经常会有新的神仙入闱。入闱的主要标准是“位业”，即道行高低，对人间贡献、功德大小，以及在人们心目中的名望如何。根据所谓的“位业”，上天决定一个人是否成仙及其在仙界的相应位置。

一般来说，神仙被划分为九个等级，也就是九品：上仙、次仙、太上真

关键词　神仙谱系　位业　尊神

道教神仙谱系（真灵位业图）	
第一神阶	主神：玉清元始天尊 神象：五灵七明混生高上道君、紫虚高上元皇道君等
第二神阶	主神：上清玉晨玄皇大道君 神象：左圣紫晨太微天帝道君、右圣金阙帝晨圣玄元道君，并赤松子、王方平、王子晋、王褒等
第三神阶	主神：太圣金阙帝君 神象：太极左真人中央黄老君、太极右真人西梁子文，并尹喜、安期生、葛玄、孔子、黄帝、尧、舜、禹、庄子、老聃等
第四神阶	主神：太清太上老君 神象：玉女、六丁六甲、太清五帝神、河伯、洛神，并张道陵，鬼谷子、张了永、茅君、东方朔、徐福、药巴、葛洪等。
第五神阶	主神：太极仙侯张奉　　神象：魏晋时代的茅山道士
第六神阶	主神：定箓真君中茅君　神象：魏晋时代的茅山道士
第七神阶	主神：酆都北阴大帝 神象：秦始皇、魏武帝、汉高祖、齐桓公等。

这种神系，以七主神高居群神之上，改变了以前众神无主的状况。它的前四个主神，已是后来道教最高神“三清”的形，南北朝后期，“三清”终于在诸派交融中形成了。

三清神	上清派：玉清元始天尊（天宝君） 灵宝派：上清灵宝天尊（灵宝君，即太上道君） 天师道：太清道德天尊（神宝君，即太上老君）

“三清”不是单一神，而是个“三合一”。道教里有个“三清境”（三清天）：清微天玉清境、禹食天上清境、大赤天太清境，是神倦所居的最高境界。三清于是在这里分别安居下来的。

土生土长的道教，在漫长的历史发展中，曾与儒、释鼎足而立，成为中华文化的重要组成部分。作为中国的特产，道教还传到朝鲜、日本、越南和东南亚一带，甚至远渡重洋传到南北美洲，成为世界七大宗教之一。

人、飞天真人、灵仙、第六真人、第七灵人、第八飞仙、第九仙人。也有的分为天仙、地仙和尸解仙或者分成天仙、地仙、人仙、神仙和鬼仙。分法各有不同，但最高追求是一样的，学道的人都想到最高尊神元始天尊的位置做大罗天成大罗金仙。道教有哪些重要的神仙呢？三清当然是最高的神，除了三清尊神，还有一系列的神、仙。

首先是真武大帝，又叫做玄武神。据说，真武大帝是太上老君变化了82次后在人间的幻化，投胎到大罗境上无欲天宫。净乐国王善胜皇后做梦，吞下了太阳，体内有所感应，醒来以后怀孕，14个月后生下了他。真武大帝成年后，抛弃了家庭，到武当山修道，修炼了42年。玉皇认为他有悟性，同时功德圆满，在他成仙后封为太玄，统辖整个北方。北宋开宝年间，玄武神曾在终南山出现过。宋真宗为了避先帝赵玄朗的讳，改封为“真武”。明代，国家大修真武庙，到处供奉着真武大帝的像。武当山真武大帝的香火达到了鼎盛。

仅次于真武大帝的是文昌。文昌原是北斗之左或北斗魁前的天上六星（上将、次将、贵相、司命、司中、司禄）的总称。元仁宗时，文昌被封为帝君，又称梓潼帝君。东晋时，蜀人张亚子自称蜀王，起义抗击前秦苻坚时战死。后人纪念他修建了寺庙，尊称他为张亚子。唐玄宗路过蜀地时，有感于张亚子英烈，进一步加封。后来人们口口相传，最终与文昌帝君合二为一。我们今天说的文昌帝君，其实指的是张亚子。

文昌帝君下是道教所尊奉的七位星神，又称为五星七曜星君。五星分别是岁星(木星)、荧惑星(火星)、太白星(金星)、辰星(水星)、镇星(土星)，五星又被称为五曜，加上日、月合称为七曜。五星被加上了封号：东方岁星真皇君(又称木德真君)，南方荧惑真皇君(又称火德真君)，西方太白真皇君(又

玉帝的由来

天界的玉帝是怎么来的呢？传说古时候有个光严妙乐国，国王年事已高，却仍然没有子嗣继承王位。于是国王召集国中道士在宫中普设法会，祈求道祖赐子。半年之后，宝月光王后梦见太上大道君怀抱婴儿降临王宫府邸。王后接过婴儿，梦就醒了。而后不久，王后真的有了身孕。一年之后生下太子，非常聪明，长大后为人仁德。太子做国王后，舍弃了王位，在普明香严山中修行，得道成仙。过了八百劫又过八百劫，他屡次降生人间为王，总是救治苍生，弃国学道。如此经历几番，感动了天地大道，为元始天尊所识，最后成为最高道的化身，做了玉皇大帝。

四象是把二十八宿分作四组，每组七宿分别与四个地平方位、四种颜色、四种动物形象相匹配。

泰山玉皇顶古代皇帝封禅处

母元君。斗姆是九星的母亲，是造化的精英，所以她主宰世间天地万物的生长。一般来说，在道教的宫观里都有斗姆殿。斗姆像作为女性的形象出现，有三只眼睛、四个头、八条胳膊。斗姆六月二十日生日这天，道观要举行盛大的庆典和祈福仪式，四面八方赶来的教徒，都虔诚地为她健康长寿、幸福安详祈祷。

称金德真君)，北方辰星真皇君(又称水德真君)，中央镇星真皇君(又称土德真君)。道教把太阳称作日宫太丹炎光郁明太阳帝君，或者是日宫太阳帝君孝道仙王，想象成男人的模样；把月亮称作月宫黄华素曜元精圣后太阴元君，或称月宫太阴皇君孝道明王，想象成女人的模样。

与七位星神同时存在还有28个星宿，分别是东方的角、亢、氐、房、心、尾、箕；南方的井、鬼、柳、星、张、翼、轸；西方的奎、娄、胃、昴、毕、觜、参七宿；北方的斗、牛、女、虚、危、室、壁七宿。这28个星宿都有名有姓，各司其职。他们属于比较高的等级，分成了四组，即东方青龙、西方白虎、南方朱雀和北方玄武。

星君斗姆也是一位重要的尊神，它是北斗所有星的母亲，称斗姆或斗姆元君，又叫九灵太妙白玉龟台夜光金精祖

神仙谱系中，山川河海和风雨雷电都是有神主宰的，管理泰山的泰山神又称东岳大帝。他是盘古氏九世苗裔金轮王少海氏和弥纶仙女的儿子，原名金虹氏。宋真宗时，被封为东岳大帝。而民间对泰山神的供奉，从上古时代就开始了。由于泰山是五岳之首，被尊称为岱宗，因此东岳大帝也备受帝王、政府的推崇。历代帝王都要去泰山封禅，即告知天地自己的功业。在泰山还有一尊神，就是碧霞元君，俗称“泰山奶奶”，据说是泰山神的女儿。北宋真宗时泰山女神受封。现在泰山顶仍有碧霞祠。

城隍神是护城佑民、主掌冥籍之神。隋唐以来，城隍崇拜逐渐流行。五代时期，城隍神已有诏封。宋代时，城隍祭拜被列入国家祀典。元朝上都和大都都建有城隍庙，大都的城隍神被封为佑圣王。明代城隍崇拜达到极盛，清代

四象分别为东方青龙，青色；西方白虎，白色；南方朱雀，红色；北方玄武，黑色。

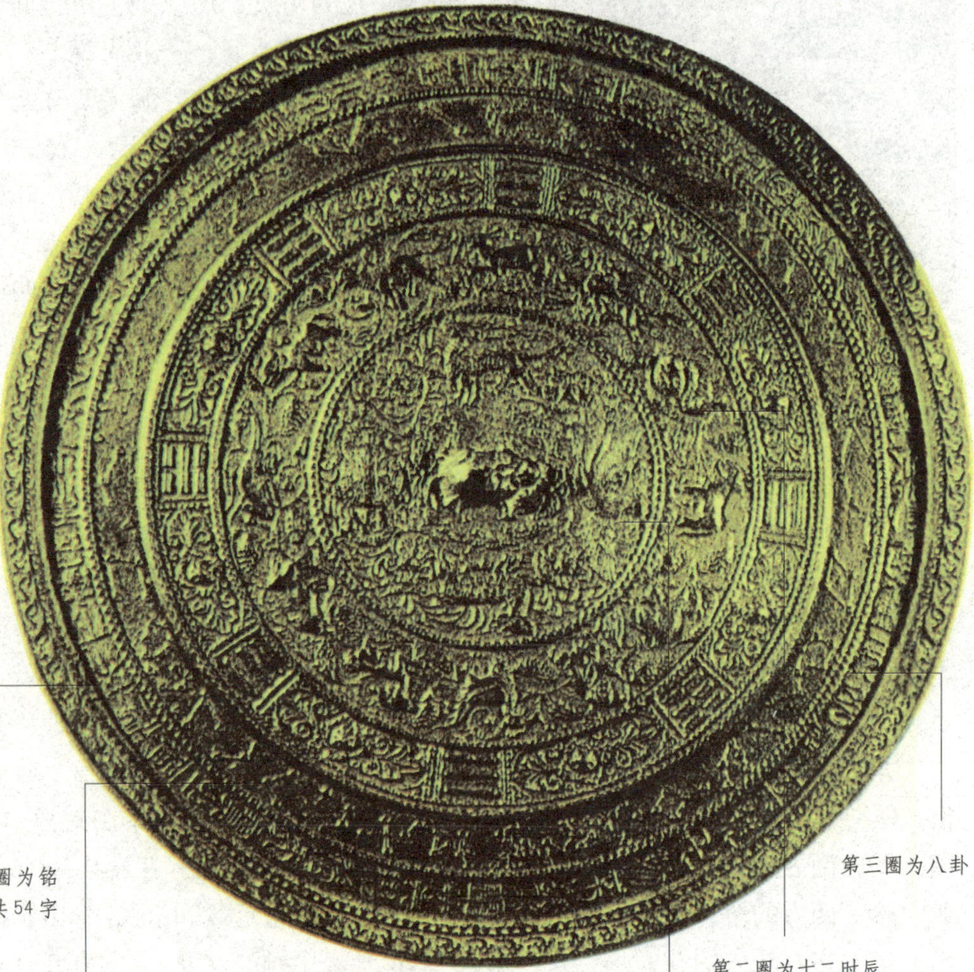

二十八宿铜镜 唐

此铜镜约铸于8世纪，中心是蛙钮，自内往外由五个圈饰组成，边饰为朵云图案。无论作为古铜镜艺术品，还是古天文学的文物，这都是一件难得的珍品。

最高神之下的众神仙，分别按其位次的高低，拥有相应的道性。

的城隍崇拜沿用明制，明清两代府州县官员到任必先祭拜城隍神。

另外还有灶神，这和中国远古时期奉土祭社的礼俗相关。又有守卫门户的神灵——门神，职责是保卫门户，不让妖魔鬼怪来骚扰门户的安全和清静。唐代的秦琼和尉迟敬德被传为门神。秦琼一般被画成白脸，尉迟敬德被画成黑脸。宋代以后，门神正式列入仙班，但地位很低。

在地府，最重要的有两尊神，是酆都大帝和阎王。酆都大帝，是阴间冥司主宰地狱的最高神灵。阎王又称阎罗大王，阎王本是古印度神话中阴间的主宰，其实开始是兄妹两人，兄长专管男魂，妹妹管理女魂。阎王是阴间的主宰，地狱轮回全部在其掌握之中。南北朝时，阎王变成了一个人。唐代时天帝册封为阎罗王，在阎王之下有地府十王，统管地狱的十殿，所以合起来称为十殿阎王。

道教的神仙谱系极其完整，天上地下、山川河流、日月星辰等都有神仙驻扎、主宰。他们形成了一个规模庞大、明确分工的世界。道教徒终其一生，虔诚地研究、信奉这些教义，只望有一天也能加入神圣的谱系中去，位列仙班。

知识点击

门 神

在老百姓眼里，门神象征着正义和武装力量，是安全的守护神，可以祛除一切妖魔鬼怪。

古人相信，相貌不凡之人往往具有出奇的本领。这些人不仅相貌不凡，而且心地正直善良，以擅长捉鬼著称的天师钟馗，就天生一副凶相。在中国民间，大门通常都是两扇对开，所以门神一般也是成双成对的。

作为门神的神明也有不同，唐以后除了先前的神荼、郁垒二将又新增了秦叔宝和尉迟恭两位武将作为守门之神。相传，一次唐太宗听见门外鬼魅呼号，致使他彻夜未眠。于是他让这两位将军为其看守门户。从此以后，就再也没有凶神恶鬼作怪了。

从那以后，民间就开始有人把这两位将军的形象画下来贴在门上。久而久之，逐渐成为一种习俗在民间广为流传。

道教与古代政治

——南面之术

事　　件：道教与政治的关系
人　　物：张陵、寇谦之、陆修静、唐太宗、陈抟、宋徽宗
主要道派：正一盟威道、南天师道

从古至今，中国社会的重心都定位于政治。道教，这个中国土生土长的宗教从诞生起就蒙上了浓厚的政治色彩，一贯借助政治力量发展自己。同时，历代统治者也都忘不了把道教当做一种收服民心的手段。

飞鸟人兽楼阁魂瓶　晋

魂瓶是一种葬俗器物，三国晚期至西晋时期盛行于江南一带。魂瓶上的神兽灵禽堆塑，是道家思想兴盛的表现。

道教早期的主体——黄老道流传到汉初，主流就是教授帝王以南面之术以及阴阳五行思想。汉武帝时，神仙学与黄老学糅合在一起，得到了政府的支持。汉宣帝热衷于黄老之学，东汉明、章帝时，黄老道流行一时，活跃在宫廷的上层人物中。桓帝公开承认自己热衷于黄老道，曾经在一年之内两次派遣宦官去祭祀老子，甚至毁掉很多房屋来祭祀道祖。汉末，张角借助黄老道发动了声势浩大的黄巾起义。可见汉代道教前身——黄老道就已经与政治捆绑在一起。

东汉顺帝时，张陵在蜀中创立了正一盟威道（五斗米道），制造了许多符书，向百姓传教。后来他把道传给了儿子张衡，张衡又传儿子张鲁，祖孙三人被称为“三张”。他们借助治病普及自己的教义。看病前先让病人叩

关键词　南面之术　阴阳五行　神仙学　黄老学　政治

宋真宗的"天书下降"

北宋王朝从建立之初，就非常懦弱，因而异常重视用道教神化其统治，为此屡屡制造所谓"皇权神授"的谎言。1004年，宋与辽签订了屈辱的"澶渊之盟"。当时在位的宋真宗碍于颜面，又无力对辽动武，于是在其后数年不断导演"天书下降"的闹剧。一次是在1007年，宋真宗谎称夜间听到了星冠绛袍的神人说："数月之内宜设道场，迎接天降《大中祥符》三篇。"然后他又指使皇城司报告："左承天门有黄帛落于鸱吻之上，缄一物，如书卷。"这时，宋真宗煞有介事地率领朝臣，开读天书曰："赵受命，兴于宋，付与恒，居其器，守于正。世七百，九九定。"接下来，宋真宗对此事大肆张扬，一些不明事理的朝臣和百姓竟然信以为真，认为赵氏江山牢不可破。尝到甜头以后，宋真宗又进行了两次"天书下降"活动，使动荡的人心暂时稳定了一下。

头思过，再服用符水治疗，并且专门布置一间静室，让人闭门思过。这些疗法有一定的心理暗示作用，有时能达到治疗效果。通过这些手段，他们争取到越来越多的教众，扩大了自己的政治势力。

南北朝时期北天师道经历了寇谦之的改革。他假托自己在嵩山见到太上老君，传他天师之位，让他进行宗教改革，同时叫他去辅佐君王。寇谦之由此得到了政府的支持，皇帝、社会名流都很看重他的意见。一时间，他所改造的北天师道达到鼎盛。而南方的天师道在道士陆修静改革下，整顿了道教传统的旧有的组织形式，健全恢复了三会日制度，使道教组织得到巩固和加强。陆修静对道教的整顿改革使道教在南方获得了很大的发展，南朝政府在民间设坛作法，借助南天师道的力量扩大影响。陆修静改革后的南方道教称为南天师道，一度成为南朝的国教。

隋至盛唐时代，政治上的统一，政策的开放，也影响了这一时期的道教。大融合的文化背景下，南北道教趋于汇合。隋统治者的宗教政策实行佛道二教并重，利用道教来达到现实的政治目的。隋文帝曾利用道教的符谶，为他夺取政权制造声势，还常常用道书的形式来争取民心，巩固自己的统治地位。隋朝政府关注并积极支持道观的修建和道徒的生活。隋炀帝即位后，继续扶持和利用道教，几次集中道士们撰写新道书，举行大规模的文化集

南北朝时期，道教从民间走向官方。

四川绵阳玉女泉道教造像 隋

隋代提倡两教并立，佛道同行，故而当时全国的道教造像也相当多。四川绵阳玉女泉造像为隋代留下的少数道教造像之一。

会。隋朝南北交通发达，统治者有力的支持，使南北方道教的交流更加便利。北方也有了南方道教的上清经法，逐渐融汇的道法促进了道教的发展。道教和政治的关系越来越紧密，道教徒甚至参与了上层统治集团的政治斗争。可见，隋唐道教是在沿上层化的道路向前发展。唐代的开国君主李渊在夺取政权的过程中也广泛利用道教作为政治手段。李家王朝建立后，他们为了给自己找一个体面的出身，先认道教的教祖太上老君为他们的先祖，修建老君庙，把老子当做嫡系的祖先来进行祠祀。认道教老祖为祖先后，唐朝大力发展道教，从李渊开始实行提高道教的地位宗教政策，把道教排在佛教之前，还派使臣把天尊像送给高丽，并让道士们到高丽宣讲《道德经》，努力使道教传播到国外。

唐太宗李世民一直和道士保持密切的关系，登基后又以道教清静无为的政治思想为统治政策和方针，并一

唐高祖武德八年，道先、儒次、佛末三者的次序被确定下来。

再提高道教的地位，压制佛教的发展；晚年追求长生不老，吃了很多道士供奉的长生丹药。中国历史上唯一的女皇武则天，也曾经利用道教的图谶作为蛊惑人心、登上皇位的一种手段。武则天和历代皇帝一样相信道教的神仙长生不老的传说，她下令道士夜以继日地炼丹药，不停地服用。唐玄宗李隆基，大力扶持道教，采取一系列崇道的措施，祭祀玄元皇帝，尤宠张天师等一些有恩于他登基的道士，甚至在科举制中加上道举出身。唐玄宗热衷丹药之学，赏赐给臣子的礼物中有很多是道教的丹药。

道教的发展与政治的稳定与否关系紧密。安史之乱后凋敝的社会经济以及动荡的政局，使得道教一时间出现了短暂的衰落景象。道教的许多经典被破坏、烧毁，宫观福地也不复从前的盛况。中唐以后，唐武宗继续崇道，照例崇奉玄元皇帝，重用以赵归真为首的一群道士，并拜赵归真为老师，还下诏在老子的诞辰日全国放假一天。唐武宗在位期间修建望仙观，炼丹药，访神仙，追求长生不老。为了抬高道教，压制佛教，他甚至还下令废除佛教，让寺院里所有的僧尼还俗。

五代十国，统治者沿袭了崇道的遗风。后晋高祖石敬塘拜道士为师，后唐庄宗李存勖，供奉玄元皇帝为圣祖，后周世宗召见华山道士陈抟，询问关于丹药和成仙的法术，并赐他号为“白云先生”。前蜀高祖王建让道士杜光庭做太子的师父，并封他为蔡国公。五代十国时期，统治者的崇道政策大同小异，都是利用道教巩固自己的统治地位。而道教的神仙长生说和丹药方术也是吸引皇帝和权贵、社会名流的

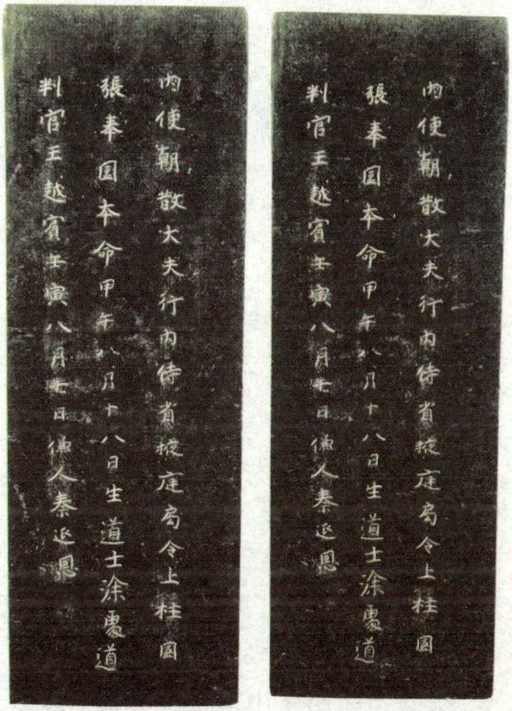

唐玄宗开元投龙简

唐玄宗非常尊奉道教，为了祈求风调雨顺，用铜板刊刻祈福的告文，由道士主持投入江湖中，称为“投龙”。此为唐开元二十六年(738年)，玄宗举行投龙典礼时使用的青铜简。

整个隋唐时期除唐武宗毁佛外，其余大都奉行道儒佛三教并立的政策。

赵匡胤华山围棋 木版年画

传说陈抟隐居武当山，算定赵匡胤将来必登基为皇帝。赵匡胤称帝后，与陈抟在华山下棋，以华山为注，最后陈抟赢得了华山。

重要原因。

北宋统治者继续崇道，真宗仿效唐玄宗尊奉圣祖老子，供奉赵玄朗天尊作为赵家王朝的始祖，导演出一出“天尊降临”的闹剧。徽宗更崇道，他自命是天神下降，要复兴道教。一个叫林灵素的道士赶紧说徽宗是长生大帝君，是道教之主降临凡间。徽宗还屡次册封自己，封号无非是“教主”或者“帝君”。徽宗任用茅山道士刘混康，拜道士林灵素为师，道教地位非常高。徽宗还曾经亲自注解《道德经》。由于北宋统治者崇道，道教在宋代迎来新的发展高峰期。

后来的南宋偏安一隅，与金、元等政权形成南北分治的局面。因为政治上的分治，道教出现了许多新的宗派。

南宋统治者对道教的态度比北宋理智得多，避免了北宋的宗教狂热。南宋高宗纠正了北宋宗教政策的错误，加强了对道教的管理，规范了道士的行为，限制道教的过分膨胀。但统治者对道教仍然信奉，同样迷恋和信服道教的法术，遇到灾祸来临或者喜庆的时候，皇帝还要请大批的道士设坛作法。统治者提倡道教的伦理思想，劝人行善做好事，强调道教的因果报应学说。国家修订了一批道教的劝善书，宣

金元时期，儒、释、道三教之间互相影响，社会上形成了三教合一的思潮。

传道教的思想，以收服民心维护社会的安定。南宋统治者充分利用了道教的教化功能，把道教视为一种不可缺少的政治手段。

与此同时，金统治者既重道又限道。他们害怕中国土生土长的宗教——道教，会在汉民族中有太大影响而借助这种群众基础发动暴乱，同时希望得到道教的帮助。因此他们对道教的上层人士进行笼络的同时，又大力防范。

元统治者则积极扶持道教。道教出现全盛局面，道教组织扩大，新老道派合和熔融。南宋末年，元世祖忽必烈灭南宋之前，效法成吉思汗对丘处机的三顾茅庐的做法，也到龙虎山向第三十五代张天师请求占卜的符。南宋灭亡后，忽必烈召见了第三十六代张天师，十分虔诚和恭敬，并且让他管辖江南的道教，赐给他一枚皇家的银印。后来又以政府的形式，在历史上第一次正式册封了道教首领，设定天师头衔。道教获得了莫大的荣耀。南宋金元统治者不同程度地推动了道教的发展，又无一例外地将其作为收服人心的工具，巩固统治的手段。同时，道教也借助政府的支持，扩大了自身的影响，具有了较高的社会地位。

明代的道教，在世宗之前得到了统治者的扶持，在上层社会地位很高。明世宗尤其尊崇道教，道教由此达到兴盛的局面。然而世宗以后，道教和统治者之间的关系淡化，慢慢失去了政治上的保证，逐渐走向衰落。清代统治者为了防范聚众起义，一再压制道教的发展和传播。道教再也没有出现历史上的辉煌局面。

纵观道教的历史，就会发现这是一部宗教与政治紧密结合，相互推动，相互利用的历史。中国古代道教的发展带有浓厚的政治色彩，而中国古代统治者也时时刻刻不忘把道教作为建立、巩固自己统治的思想利器。

唐玄宗借道教拐玉环

杨玉环，号太真，蒲州永乐（今山西省永济）人，蜀州司户杨玄琰的女儿。唐玄宗李隆基的贵妃。杨氏容貌秀美，姿质丰润，善歌舞，通音律。734年（唐玄宗开元二十二年），杨氏被纳为玄宗第十八子寿王李瑁的王妃，时年16岁。737年，玄宗宠爱的武惠妃死，后宫数千宫娥，无一能使玄宗满意。高力士为了讨玄宗的欢心，向玄宗推荐了寿王妃杨玉环。740年，玄宗幸温泉宫，使高力士至寿王宫召杨氏，令其出家皈依道教，号太真，住于太真宫。745年，另立左卫中郎将韦昭训的女儿为寿王妃，玄宗旋即册封杨氏为贵妃，将其据为己有。道教在此成了“父夺子妻”的遮羞布。

明朝以后，道教分为正一道和全真道两大派别，其他宗派全部归纳到这两个宗派之下。

生生不息，遍地开花

——道教自然科学

事　　件：道教对自然科学产生的影响
观键人物：郝大通、赵友钦、李淳风、
袁天罡、李兰、陶弘景
主要典籍：《道藏》、《五岳真形图》、《数术记遗》、
《淮南子》、《化书》

北斗与二十八宿苍龙星座　画像砖

道教是中国各种宗教中对自然科学贡献最大的。道教的发展过程中，随处可见道教自然科学的痕迹。道教方术中的自然科学成分对于中国古代自然科学起着至关重要的作用。

首先，道教为古代天文学的发展作出了巨大贡献。道教的人生观和宇宙观要求道教徒考虑人类生存的空间问题，思索整个宇宙。他们通过观察和臆想，认为宇宙生于无极。道教徒考虑宇宙问题固然要带有一定的宗教色彩，但恰恰就是对宇宙的这种宗教式的想象和探索开始了人类认识宇宙的历程，孕育了宇宙科学的萌芽。道教的宇宙学说不断地向前发展，东汉时出现了著名的"浑天说"。道教有很多关键性人物从事宇宙、天体方面的研究，全真派道士郝大通就精通历算，赵友钦则进行了一系列系统的天文物理学研究。这些道士们从宗教目的出发，好奇地打量和探索外部世界的想法和实践，使得中国古代的天文学成就在世界上长期遥遥领先。

中国古代的道教信仰者喜欢通过夜观天象来判断吉凶祸福、死生休咎。道教教义认为天上的星宿是神灵的幻化，于是古代许多道士在观星和绘制星图上投入了大量的精力，他们把这当做是一项宗教活动。具体地，还规定了表示节气和方位的二十八宿，并认为祈禳北斗

关键词　星象学　天文学　炼丹术　化学　计时技术　地理学　数学　四大发明

可以消灾祛病，让人延年益寿，长生不老。在《道藏》中有大量关于向北斗星宿祈祷的道教经文，还有很多经书附有北斗七星的插图。道士或信仰道教的人物，有很多成为了中国古代星象学家、天文学家，如唐代天象学家李淳风、袁天罡。他们掌管着当时的司天监，负责天象的观测和记录。同时他们又以道教占卜术著称，二人合写的《推背图》被后世列为重要的道教典籍。

东汉末年，道教内部创立了著名的“二十四气历”，对后来中国历法有重要影响。后来又有人在“二十四气历”的基础上修成了“二十八宿旁通历”。这一部部独具特色的道教历法是与官方历法完全不同的“太阳历”。它们规定一年为十二个月，每月三十天，还把一年分成了两段。正是这些历法启发了北宋的沈括，他制定了极具科学价值和实用意义的“十二气历”。

在炼丹的过程中，许多现象其实都是化学现象。古代的炼丹家不知道自己正在做化学实验，但是不知不觉地积累了许多化学经验，获取了一些化学成果。随着炼丹技术的提高，炼丹仪器和方法也不断更新完善。中国的化学在炼丹家的丹炉里萌芽、发展。从自然科学的角度看，道教的炼丹家首先是化学工作者。从这一点来说，道教催生了中国早期的化学。

同时，道士修炼内丹或外丹的时候需要精确计时，所以许多道士花费了大量精力来钻研计时技术。因而道教在计时、造表的技术方面有很多成果。汉哀帝时，朝廷接受了道教信仰者的建议，依道教计时的方法改进了当时普遍使用的计时仪器“漏刻”上使用的计时刻度。北魏的道士李兰发明了“秤漏”，这种仪器一直用到北宋。南朝的道士陶弘景曾经设计一种“自然漏刻”，全真教的道士还发明了一些便携式的漏刻设备，道教在计时仪器的设计和改良方面

道教与三大发明

中国古代四大发明中，火药、指南针、印刷术的发明和道教有密切而直接的关系。火药是完全是由道教发明的。在《真元妙道要略》一书中，有这样的记载：“有以硫磺、雄黄、合硝石并蜜烧之，焰起，烧手面及烬屋舍者”。而用于航海中判断方位的仪器——指南针则是出于道教的扶乩。在印刷方面，道教早在南北朝时期就已运用雕版印刷技术来印制道书，在传播作品、印制经书的过程中，道教对印刷术的发明做出了不可磨灭的贡献。

知识点击

道教心理医疗

心理学也是道教自然科学中重要的组成部分。道教教义认为，一切过度的精神情态活动都会导致疾病，而且是百病的源头。老子要求人们清心寡欲，庄子也有过类似的话。道教典籍《云笈七签》中，明确指出疾病有很多是心理活动的失调造成的。从心理上治病救人，这是古代道教对疾病最为独到的见解之一。除此之外，道教提倡用各种养生修炼的手段来预防和治疗疾病，其实很多时候也是要人们注意平衡心理，经常接受鼓励安慰。这就是中国式心理医学的萌芽。道教通过自己的教义，在传教、布道的同时，也给予了一代又一代信仰者不同程度的心理疗养。

做出极大的贡献。

道教徒的修行讲求天时、地利、人和等各种条件兼备，因此道教的地理学极为发达。道教地理学的产生和发展，自始至终与道教的修炼成仙思想紧密相连。道教信仰者基本上都从事着一些修炼活动，渴望成仙的动机使他们努力使自己“上知天文，下知地理”。道教从东汉张陵创立道教二十四治，到魏晋时《五岳真形图》的问世，无一不显示出道教信仰者十分重视对地理、环境的观察和研究。他们充分利用各地不同的地理环境、生态条件及自然资源，建立道教的各种组织、机构、宫观，以期更有效地传播道教，发展道教。在道教的洞天福地，修炼的高道有意识地对那里的自然环境采取措施进行保护。而历朝历代有名的高道，无一不是踪迹遍布神州大地。在道教的典籍里，关于中国的山川地理、风土人情的研究和记载俯拾即是。其中许多今天我们看来都是极富研究价值的地学资料，它们是道教对中国地理学的重大贡献。

物理学方面，道教徒在长期的神仙修炼等活动中，不断地对自然进行观察、模拟，由此产生了许多物理学思想和成就。对于光学现象，许多道徒有着独特感觉和深刻认识。《抱朴子·遐览·明镜经》、《太清金液神丹经》对平面镜的成像原理、凸透镜原理、彩虹形成的原因，以及人工造虹方法都有记载，《修真历验钞图》还有关于折射与色散的观察记录。有的道教宫观还集体进行大规模的光学实验，这些在中国古代科技史上都是难能可贵的。《淮南子》、《化书》中有关于声学的记载，并且意识到声音是由空气振动产生的。这些成果在当时世界上都是领先的。

道教和中国自然科学发展关系最为紧密，对其有着突出贡献。道教无论是在物理、化学、数学、天文、地理，还是实用技术领域都有自己的建树。

有容乃大

——道教文学

事　　件：道教文学的发展及分类

人　　物：葛洪、李复言、谷神子、陈翰、皇甫牧、李公佐

主要典籍：《道藏》、《列仙传》、《神仙传》、《洞仙传》、《续玄怪录》、《博异记》、《异闻集》

道教深深植根于中国人的日常生活，其许多教义、观念、信仰、神仙逸闻普遍为广大人民群众所接受，而这些道教的产物很重要的一个载体就是道教文学。研究道教不能不研究道教的文学。

道教的文学作品多在《道藏》内，《道藏》之外也有一些可以归入此类。如以叙述道教神仙、道士的生平传略，记录道教活动，描写道教的宫观、名胜等为题材的俗人作品。总之，道教的文学作品有的出于才华横溢的道士之手，有的是受道教影响极大，爱好、热衷于道教的文人所作。

道教文学的主体可以粗略的分为散文、小说、诗词、戏剧四大类，其中相当部分是散文。在《道藏》的五千多卷经书里大半都是散文。其他许多古代丛书，像《四库全书》、《四部丛刊》、《四部备要》中也都收录了相当数量的道教散文作品，具体又可划分为议论散文和叙事散文。道教的议论散文一般用来阐述道教的教义。道教开始创立的时候，教派领袖号召信徒们学习先秦道家典籍，同时亲自动手创作散文作品，来宣传自己的教义弘扬道法。从而使该教的散文达到相当高的水平。道教的叙事散文以记叙为本，但在记叙中又蕴涵着深奥的道教哲理，具有一定的文学价值。也有一些叙事散文侧重于故事的记述，只是记录某个道士的某项活动，介绍某所宫观的建造变迁情况等。这些作品的价值主要在于提供研究道教历史的资料。

除了优美的散文之外，道教文学作品还包括丰富多彩的小说，其主要渊源是先秦时期的神仙传说。两汉时期道教建立，而且越来越活跃，新的神仙传说、道人故事不断产生。道教领袖人物搜集整理各种故事传闻编纂

关键词　道教文学　散文　传奇小说　炼丹诗　咒语诗　游仙诗　戏剧

成书，来树立理想典型。像托名刘向的《列仙传》、葛洪的《神仙传》、《三茅真君传》、《洞仙传》等，主体部分的故事情节大都出于民间传说，带有很大的夸张、虚构成分，但故事完整，情节曲折，人物形象塑造得栩栩如生，深受群众喜爱。道教早期的这些小说为道教扩大其在人民群众中的影响，提高其在人们心目当中的地位起了很重要的作用。

南柯梦石碑　清

后人根据《南柯太守传》所立的南柯梦石碑。

南北朝以前的道教小说基本上处于初始阶段，很不成熟，内容大多是一些关于神仙鬼怪的小故事，而且有的故事还不完整，情节也较为单调。到了隋唐时期，文学修养较高的道士和爱好道教的文人多了起来，他们借鉴传奇家的笔法，创作出许多关于道教的传奇小说。除了道士本身注意继续编撰神仙传记之外，许多文人广泛搜罗当时流行于民间的各种神仙故事传闻加以创作。像李复言《续玄怪录》、谷神子的《博异记》、陈翰的《异闻集》都是这一时期道教小说的代表，而这些小说都对读者传递了这样的信息：只要像小说中的主人公一样虔诚信仰道教，努力修炼，都会成为自在逍遥的神仙。比如，唐朝皇甫枚的小说《三水小牍》，写一个道士赵知微在凤凰岭盖了一间茅草屋，每天晚上练功，后来掌握了方术，能使伸手不见五指的黑夜变成月朗星稀之夜，还能使浓阴密雨骤然停止。

道教的小说，还有一些以梦境为题材来表现道教的思想观念。像李公佐的《南柯太守传》以说梦为主要形式，通过道士催梦、解梦以及仙女下凡的种种情节，宣扬人生中荣华富贵与虚幻的梦无异，整个故事情节跌宕起伏，错落有序，可读性很强。

唐代以后，道教传奇小说发展，受到搜奇猎异的文学空气的严重影响，故事情节不可避免地带有浓重的虚幻色彩，其间有大量描述特异功能的文字。伴随着小说发展的大潮流，道教小说在元明清三代发展到了空前

道教散文的渊源可以追溯到老子、庄子的哲理散文。

《二刻拍案惊奇》插图

的高度，也出现了民众喜闻乐见的“话本体”形式。

道教小说的特色在于，它以道教的法术警示世人，大量的笔墨用于描述精灵鬼怪的可怕外貌和荒诞言行，渲染出冥冥的恐怖气氛。像冯梦龙的《喻世明言》、《醒世恒言》、《警世通言》以及凌濛初的《初刻拍案惊奇》与《二刻拍案惊奇》，都记载了大量的反映道教神仙思想观念或道教生活的故事。比较著名的有《旌阳宫铁树镇妖》、《吕洞宾飞剑斩黄龙》等。明清时，出现了如《绿野仙踪》、《四游记》、《封神演义》、《吕仙飞剑记》、《韩湘子全传》等长篇道教小说，这些小说多借用历史故事的框架来表达作者的道教信念。还有一些小说，深受道教影响，在字里行间渗透着道教文化，如《西游记》、《唐三藏西游释厄传》、《西游记传》等。

道教诗词在道教文学中占有重要地位。道教文学中诗歌数量蔚为可观。在道教的早期作品中就有了关于修身养性的“七言歌谣”等七言诗的雏形。《周易参同契》中，则出现了规整的四言诗和五言诗。三国两晋时期，道教诗歌基本上都是表现如何炼丹的七言炼丹诗以及怎样念咒的四言咒语诗；还有游仙诗，主要是歌咏神仙漫游的逍遥自在，格式较为灵活。这一时期，游仙诗不是道士的专利，众多的文人墨客也加入该行列，如建安七子中的嵇康、阮籍等就有很多游仙诗传世。在道教的法事中，有时还要配乐演唱一些脍炙人口的道教诗歌。

南北朝后，道教诗词发展到一个新的水平。不仅富有才气的道士热心诗词创作，而且许多炙手可热的名家也以诗词体裁记述、描写道教的一些活动。名噪一时的王绩、王勃、张九龄、李白、李贺、李商隐等都位列其中，其中李白和李贺是最为著名的两位道教诗人。宋代的众多诗作中也是仙气缭绕。陈与义、文天祥、苏东坡都有神仙诗传于后世。诗人陆游写了许多表现道人生活的作品，他在隐居山林期间寄情于山水，写的诗歌字里行间流露出对道的感悟、和体会。讨论道教的诗

游仙诗源于汉代以前的歌赋，是歌咏仙人漫游之情的诗。

道教诗人李白

李白是中国文坛上的天才诗人，也是一位著名的道教诗人。李白自少年起便仰慕道教，跟一些名道士结下了深厚的友谊。他与上清道派的吴筠、司马承祯尤其要好，常常与之讨论道教的教义。李白不但熟悉道教神仙典故、道教的经文，而且乐于用超凡的想象力以描绘想象中的仙人。他写了很多优秀的文学作品，其中有许多是描写道教生活的，如《赠嵩山焦炼师》、《江上送女道士褚三清游南岳》、《元丹丘歌》、《题随州紫阳先生壁》等，同时也塑造了许多颇具魅力的道人形象。在老庄道教思想影响下，李白养成了清高的个性，因此他和他的作品都是放荡不羁的。

李白醉酒图

歌不能不提及“道情”。道情多出于云游道士之口，其内容朴实无华，言辞通俗易懂，在民间广为流行，相当于今天的流行歌曲。有时道情也用来宣传教义，表述修道者内心的感悟。在道教的重要典籍《张三丰全集》中，就有《道情歌》一首，《叹出家道情》七首，《四时道情》四首，《九更道情》九首，《天边月道情》九首，还有其他道情数十首。“道情”的长处在于形式活泼，可以七言、四言，还可以杂言，只要能点破玄机，让人顿悟就行。有鉴于此，道情为普通的人民群众所钟爱，有时一些文人也仿道情之体做诗，句式灵活，风格委婉，别具一番风味。

伴随着元曲的兴盛，道教文学中的戏曲也从无到有，渐渐步入高潮。道

道化剧是元杂剧的重要形式，在立意上有明显的道教思想色彩。

教戏曲在元代以前就开始萌芽，但在元代达到了巅峰。从数量上看，在四百多种元杂剧中，就有道教戏曲四十种余种，占总数的十分之一强，道教戏曲在当时的盛况可见一斑。明代人编的《元曲选》中，收录了近二十种元朝和明初关于道教的作品。当时的道教戏曲，流传比较广的是《陈抟高卧》和《岳阳楼》等著名曲目。道教戏曲的类型可分为：隐居修真、点化精怪、传道度人、断案明戒。代表作大致有：宣传道人隐居生活的《西华山陈抟高卧》，讲述了华山道士陈抟不贪名利、专心修行的故事，宣扬了道教关于"清净"、"寡欲"、"不争"等教义思想；《吕洞宾三醉岳阳楼》，该剧写吕洞宾在岳阳郡点化柳树精和梅花精，使之转世投胎为人，行善积德，累积阴功，脱离"六道轮回"；马致远的《邯郸道省悟黄粱梦》说的是全真道祖师钟离权托梦度化吕洞宾的故事，告诉世人不要被尘事迷了本性，宣传了道教的神仙信念；演述神仙断案故事，宣传道教天条戒律的是《张天师断风花雪月》，故事以桂花仙子思凡与书生陈世英相会为开端，继而写陈世英得了相思病，最后以张天师作法审理桂花仙子犯天条戒律作为结局。这些作品主旨在于反映道教徒的修道生活、方术、戒律、法力以及人们向往的理想世界，同时宣扬了"纲常名教"的观念。

道教文学不仅是道教文化宝库里的一朵奇葩，也是中国文学史上不可或缺的一部分。中国的文人大多受到道教的深刻影响，因此不能避免地在自己的作品中加入了一些道教色彩。道教文学在成为宣传教义的一种手段的同时，也是道士或爱好道教的文人墨客们表达思想感情，进行文艺创作的形式之一。

鱼玄机的女冠诗

"女冠诗"是道教文学的奇葩，指的是修道的女子——女道士写的五言诗和七言绝句。女道士的作品大多写她们修炼的经历和体验，其中最有成就的是唐朝女道士鱼玄机。

鱼玄机是一个才女，与温庭筠等诗人交情很深，往来频繁，后来因为盛怒之下杀了自己的奴婢，而被处以极刑，死时年仅25岁。她最著名的诗是《赠邻女》："羞日遮罗袖，愁春懒起妆，易求无价宝，难得有心郎。枕上潜垂泪，花间暗断肠，自能窥宋玉，何必恨王昌？"该诗表达了年轻女性灵魂深处渴望爱情的心情。

作为一个修道之人，她敢于用诗来表达内心深处的痛苦和人性真实的一面，因此为三纲五常等封建伦理道德所不容，她的诗作被称为"艳诗"，她自己也最终被封建卫道士扼杀。

道教小说大体上可分为志怪体、传奇体、话本体、章回体四大类。

率情认真

——道教音乐

事　　件：道教音乐的发展、种类、特征及影响
人　　物：寇谦之、宋徽宗
主要典籍：《乐章诵戒新法》、《华夏颂》、《步虚辞》、《玉音法事》、《正统道藏》

道教音乐是道教艺术主要构成形式之一，是道教修炼、普及教义、宏扬道法的重要辅助手段。音乐对人有着特殊的感动效果，道教音乐本身又富有民族淳朴之风，因此对于涤荡人的心灵，升华人的精神境界有着特殊作用。

道教音乐主要是在进行斋醮仪式、法事活动时，道士们通过吹、拉、弹、唱等形式，演奏的美妙、庄严的音乐。它以烘托、渲染庄严肃穆的气氛，使人产生一种趋向性感奋力量，暗示人们去向道，向神仙表达虔诚的信仰。有时也借助于这种音乐向上天祈求赐福，或者降妖驱魔、超度亡灵。

在进行斋醮仪式、法事治动时，道士们会演奏各种音乐，以烘托、渲染庄严肃穆的气氛。

关键词　法事音乐　道场音乐　仙歌　步虚声　音诵　课诵　阳韵　阴韵

道教音乐可以按照用途分为法事音乐、道场音乐，也可根据其形式的不同分为仙歌、步虚声、音诵与课诵。但早期的道教诵经时，就是直接念经，不使用任何音乐作为辅助。南北朝时道教开始使用音乐这一形式。据说北魏明帝的时候，寇谦之在嵩山遇到了太上老君，授他天师位子的同时，还给了他《云中音诵新科经戒》。他从中衍生出《乐章诵戒新法》，又进一步产生了《华夏颂》、《步虚辞》等最初的道教音乐。

《华夏颂》其实是根据宫廷音乐改编的，即在道教仪式开坛前吟咏的一段道歌，大意是歌颂祖国的大好河山，预兆人民共享太平盛世。从歌词本身来看，与道教的关系并不大，但歌曲唱起来气势雄浑，令人激情澎湃，淡忘一切尘世杂念，因此为道教修行者看好。《步虚辞》则是通体洋溢着道教徒对神仙的赞美称颂，大都是五个字、七个字的歌词，根据法事活动的具体要求，句子长短有所调整。“步虚辞”后来发展成为道教音乐的主要形式之一，影响非常广。那么，何为步虚辞呢？据吴兢《乐府古题要解》诠释，“道家曲也，备言众仙缥缈轻举之美”。可见，“步虚”就是歌颂神仙轻举，步行虚空的道调。“步虚”又是始于何时呢？据说，曹植在游鱼山时听见岩石中有诵经的声音，优美嘹亮，不绝于耳，于是将其音律记录下来，即为步虚之声。

从南北朝开始，随着道教地位的提高，道教音乐也获得了长足的发展。到了唐代，统治者把老子奉为先祖，道教受到前所未有的青睐。唐高宗曾经一度命宫廷的音乐创作者专门创作道教音乐，玄宗时还命道士、大臣献道曲，而他自己本身就是音乐家，也研究、创作和教授了一些道乐，如《降真召仙之曲》、《紫微送仙之曲》等就是他亲自创作的。

道教的法器种类

法器是指道教徒在举行宗教仪式时请神祛魔，显示法力的一些工具和器皿。道教宫观中的法器平时都陈列在法坛的法器架上。一般来说，常用的法器有两大类：一类为供奉神仙、朝敬祖师及驱恶镇邪的器物，如朝简、如意、玉册、玉印、宝剑、令旗、令箭等；另一类是各种打击类法器，用于道教音乐的演奏，常用的有大铙、小铙、铛子、手铃、大小木鱼、大鼓、小鼓、大铁磬、大铜磬、小铜磬等。道教音乐中所使用的法器，主要是一些打击法器。

在道教音乐里用人声唱诵的声乐形式称为“韵”、“韵腔”、“韵子”等。

这些大致属于仙歌一类。唐代的诗人张籍、薛涛也都在自己的文学作品里表达过对道教音乐的一些看法。既然道教在唐代是国教，道教音乐也就获得了空前的发展空间。

在唐代，道乐不仅在上层社会受到钟爱，而且逐渐发展到民间。这样一来，它又得以吸取民间曲调和佛教、西域的音乐，内容变得更为丰富多彩。道乐的乐器增加了钟、磬、鼓、吹管和弹拨等新式乐器。唐末五代时的道士杜光庭编纂了《道门科范大全集》，对道教的斋醮仪式实施了进一步的规范，同时很多珍贵的道教音乐也被记录了下来。

宋代的宋太宗、宋真宗、宋徽宗等帝王都极具艺术天赋，都曾亲自编写过道乐。宋徽宗尤其热爱道教，重用当时的道士林灵素修改、增补道教斋醮仪式，征选全国宫观道士进京学习道乐。在位期间，他主持编纂了中国现存最早的一部道教音乐史书《玉音法事》，用曲线记谱的方法收录了南北朝、隋唐以来的辞章和宋真宗、宋徽宗所制的道教音乐50余首。此时，道教的音乐融合了丝弦乐，也增加了许多伴奏乐器。

元代时，道教的两大门派全真与正一道派，在音乐上出现了两种不同的风格。全真的音乐非常清幽；正一派的音乐雄浑、古雅。明朝，朱元璋下令清理整顿道教，命道士编制斋醮仪范，道乐从此后逐渐规范。明代的“神乐观”掌管宫廷的祭祀活动，都是由精通乐舞的道士领导，专职跳舞的乐舞生由征集的道童充任；明成祖朱棣亲自制订《大明玄教乐章》、《迎风辇》、《天下乐》、《圣贤记》、《迎仙客》、《步步高》等重要的道教音乐曲目。这些曲目全部收入《正统道藏》，成为研究明代古音乐以及道教规范仪事的宝贵资料。

清代北京的东岳庙、蟠桃宫、吕祖祠、岳庙、关庙都属于“神乐观”，是管理道乐的专门机关。演奏道教音乐的道士们可以结婚，有家室，在道教内的职位可以世袭，只是当朝廷有盛典，必须随时入宫参加各种祭典音乐的演奏。乐器多而完备，乐曲典雅，雄壮而不失欢快。在民间，道教音乐和地方曲调融合，形成了各地不同特色的道教音乐，成为雅俗共赏的特殊音乐形式。

纵观几千年的道教音乐发展史，会发现道教音乐在曲式和情调上，一直保持着自己的鲜明特色。道教音乐的曲调形式分“阳韵”和“阴韵”。“阳韵”是早坛功课和以祈福为主的法事中运用的；“阴韵”多用于晚坛功课和超度性的法事。在乐器上，道教音乐演奏用的较多的是钟、鼓、磬、钹、铛、木鱼等打击乐器，以及笙、管、笛、箫等吹管乐器，还有古

正一道所使用的乐器丰富，吹、拉、弹、打乐器俱全。

琴、二胡、板胡、阮等弹拨乐器，这基本上都是汉民族所有音乐所共用的乐器。

道教音乐还有一个鲜明的特征就是，在法事活动中，道乐表演多为独唱、齐唱、独奏、合奏、伴奏等形式，还有与之相配的具体经文和歌词，表达进行法事的人的具体愿望和向往之事。一般而言，主持法事的道士“高功”和诵经的道士“经师”，不仅对道教经书很熟悉，而且精通斋醮礼仪，同时他们需要一边演奏着音乐，一边走着特殊的步法，如“禹步”、“踏罡步斗”等。其他众道士口中念着各种手诀，配合着音乐。道士们在长期的实践和探索中，音乐素养很高。他们中的很多人成了中国历史上著名的音乐家，如林灵素、冷谦等。《二泉映月》的作者华彦钧(人称“阿炳”)就是道士出身。

道教音乐在完成其宗教使命的同时，还表达了道教的整体美学思想，以及演奏者自己对美的理解和感悟。只听道教的音乐，你就可以感觉到道教追求的是长生久视和清静无为。久而久之，你便自觉不自觉地进入了那种冥冥的既出世又入世的境界。有时道教音乐表现召神遣将时的宏大气势，彼时降妖驱魔时的威武，大型法事的庄重，众生面对神仙时的虔诚，给人一种恍如隔世之感。有时人们倾听音乐的同时感受到神仙的意境在自己面前一层一层地展现开来，个人的情感随音乐而起伏。

总之，道教音乐以表达神仙信仰为主要内涵，但在漫长的发展过程中又受到宫廷音乐与民间音乐的影响。因此它除了具有宗教音乐的肃穆之外，还在一定程度上保留着民间音乐的优美。道教音乐既是道教艺术的一朵奇葩，也是中国音乐宝库中极其珍贵的活化石。

知识点击

道教名曲——《忏悔文》和《五供养》

人生在世，总有差错和失误，这是人之常情。道教《太平经》中说：“天道无亲，唯善是与。”既然人的错误在所难免，《忏悔文》就告诉人们，犯了错误之后重要的是要知错改错，忏悔知新，以善待人，方可实现人类之大同。这首曲不为人知，但在香港的各个道观却是一首广为使用的道曲，随处都可以听到。

《五供养》这首曲子则描绘了行香拜神活动。其中反复出现的“五供赞”旋律流畅、优美，具有浓郁之广东音乐风格，表现了善男信女们稽首顿首，志心朝礼的高远、虔诚的境界。演奏的过程中鼓乐阵阵，再加上气势雄浑的咏叹，形成了拜神活动中咏唱轰鸣、人群熙来攘往的盛大场面。

全真道所用的乐器主要是打击乐器(法器)，部分宫观有少许管弦乐器。

玄而又玄

——道教建筑

事　　件：道教建筑发展、类别及宫观建筑的构成
建筑类别：简陋修行场所、祠庙、宫观
主要宫观：北京白云观、南京朝天宫、山西永乐宫

道教的建筑，在汉代道教早期称为“治”，晋代称“庐”或“治”，有时也叫做“靖”；南北朝时，南朝称馆，北朝叫观，或者直接称寺；唐宋以后规模较大的都叫宫或观，而用来祭祀民俗小神的建筑，人们呼之为庙。道教初创时，道士们在大多在山中隐居，一般情况下住在茅屋或者洞穴里。南北朝时，道教的建筑随着道教渐趋兴盛，并且逐步定型。唐宋两代，道教兴旺发达，各地宫观修建的很多。唐代全国规模较大的道观就有一千多处。宋代道教建筑的规模越来越宏大，工艺设计完善。明代中叶以后，道教虽然趋于衰落，没有了来自政府的支持，但民间集资兴修道观的人却越来越多。

从建筑规模和式样看，道教建筑一般可以分为三大类：第一类是茅草屋、洞穴等简陋的修行场所，多为早期的道士以及后来的云游道士、隐居道士和修炼求仙者所居住。第二类是一般民间信仰者捐资兴建的祠庙，用以供奉当地人尊崇的神仙，这类道教建筑规模不大，里面的香火在平时也不会很旺。第三类是大型的宫观，是一个地区或一个道派

知识点击

现存的明清道教宫观

现存的道教宫观建筑，明清时期建造的居多，如江西贵溪县龙虎山的正一观、陕西周至县秦岭北麓的楼台观、北京白云观、四川成都的青羊宫等都很有特色。山林道观也有许多艺术水平较高的遗物，最著名的有青城山、崂山和武当山等。青城山作为道教发祥地之一，位于四川省灌县西南面，上面道观众多，气势磅礴，现存有30余处。山东省青岛东临大海的崂山，山上多奇岩怪石，现存大中型道观10余处。武当山在湖北省西北部，历代均为道教名山，上面的宫观规模巨大，主峰金殿与紫金城尤为金碧辉煌。这些山林道观多结合奇、秀、险、怪的山形地势建造，不仅本身造型优美，选址灵活，而且与风光秀丽的自然景观浑然一体。

关键词　修行场所　祠庙　宫观　寺观园林　道教文化

明东岳庙平面图

东岳庙位于北京朝阳门外大街中段。其平面呈正方形，整个建筑群按八卦的形式排列，正前方为二层结构的遥参坊，其他的建筑按照对称的格局左右排列。

的中心所在，很多是由封建统治者兴建。因此一般规模都很大，形式上类似帝王的宫殿楼阁，功能也比较齐全，如北京的白云观、南京的朝天宫。下面以第三类作为代表加以具体说明。

大型的道教宫观建筑主要由山神殿、膳堂、宿舍、园林四部分组成，采取中国传统的院落式样，以木构架为主要结构，以“间”为单位，组成庭院，形成单元，其中包括各种形式的建筑群。主体一般是神殿，因为它是宗教活动的主要场所。神殿又分为三清殿、四御殿、玉皇殿、灵官殿、祖师殿等，多居于建筑群落的中心位置。神殿两侧还有配殿。而膳堂、宿舍等生活设施则在一隅，多为不显眼的地方，自成一个小的系统，与进行斋醮、法事活动的大殿分开。除了这些基本的房屋建筑以外，大型宫观前面还有石狮、华表、棂星门等装饰性的建筑。华表，一般通体为八角形的柱体，上面有浮云、苍龙等浮雕图案，据说是尧舜时为纳谏而设，称为“谤木”，后用于宫殿、陵寝前，不知何时被道教吸收进来。石狮的布设主要是为了显示道教的神圣和威仪。通观道教建筑群，显得既朴实又开阔，相互照应，博大严谨，同时又井井有条。

一些著名的宫观不仅有着气势雄浑、金碧辉煌的建筑群作为主体，还有流泉飞瀑、鸟鸣山幽的园林相陪衬。中国古代的园林有四大类，其中之一就是寺观园林。当然这些寺观园林主要还是为了道教徒修行的需要，清幽飘逸的园林情趣有着陶冶性情的作用。道家园林多为左右对称错落有致，道教思想主张取法自然、延年益寿、飞身成仙，其园林设计也追求超凡脱俗、清静无为的境界，而少人工雕砌的痕迹。因此园中多植奇花名木，以增加自然之秀色，好像仙境之所在，兼得水光山色之灵气，暗寓法力之高深。有时这些园林干脆根据传说中的仙境建造。总之，道观中的人工建筑与自然园林相互映衬，融为一体，构成了道教特有的风格与魅力。

现存比较出名的道教宫观仍然有许

山西永乐宫三清殿

三清殿是永乐宫最主要的建筑，它是一单檐庑殿顶单层土木结构建筑，内设神坛，奉祀太清、玉清、上清三神像。殿内绘“朝元图”壁画，场面开阔，气势磅礴，线条流畅，为元代壁画的代表作。

道教宫观根据八卦方位，以子午线为中轴，坐北朝南的布局，使供奉道教尊神的殿堂都设在中轴线上。

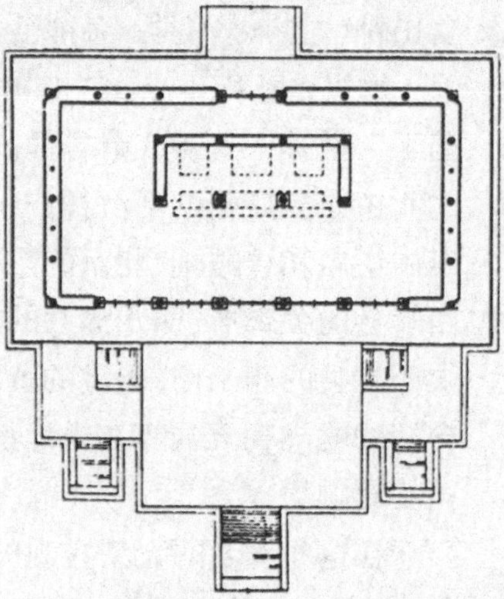

←三清殿平面图

三清殿是永乐宫的主殿，面阔7间，进深4间，殿内采取减柱，仅用8根内柱。殿前庭院超长，台基高起，出月台、朵台的形制都十分独特。立面的比例协调，侧脚、生起极为显著，外观柔和秀美。

↓三清殿侧剖面图

三清殿的殿堂主体全部由木构架形成，整个殿堂仅用8根立柱来支撑和承担，屋顶由三道主梁叠加而成。

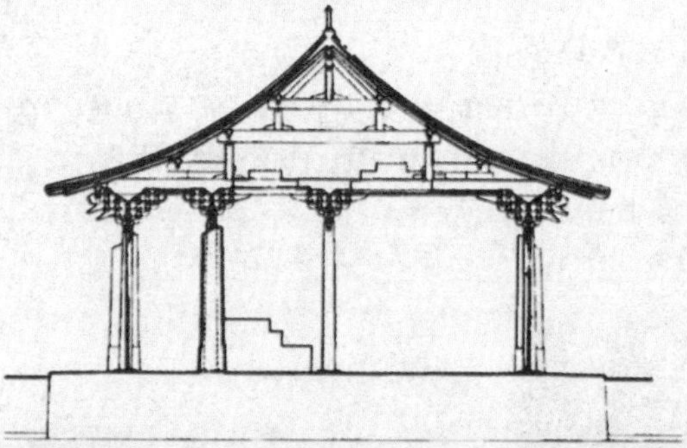

↓三清殿立面图

三清殿从外观上看，是殿堂式建筑，屋顶由一条正脊和四条垂脊组成，采用走兽做装饰。

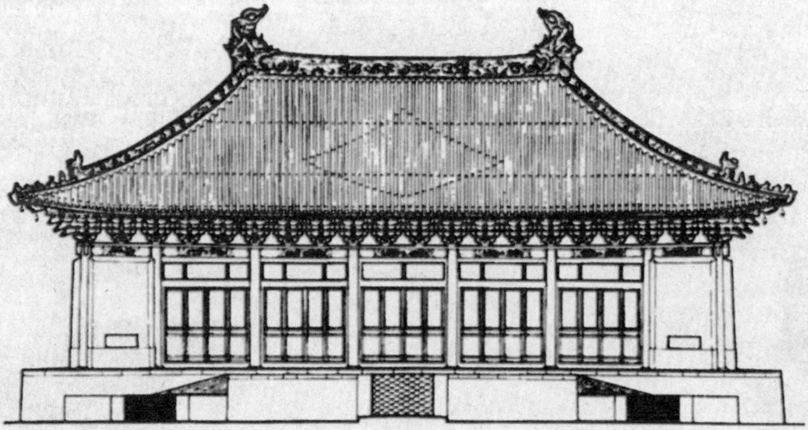

天地与人事相互对应的"天人对应"思想，是道教宫观建筑和布局的重要依据。

多，目前不仅是道教的活动场所，而且大部分已成为旅游观光的胜地，如河南鹿邑的太清宫、陕西周至的楼观、四川青城山的古常道观、江西龙虎山的上清宫、江苏茅山的元符宫、苏州的玄妙观、南京的朝天宫、浙江的余杭洞霄宫、北京的白云观、成都的青羊宫、山西的永乐宫、陕西的重阳宫、武汉的长春观等。在全国各地，还有一些奉祀民俗众神的道教庙宇供奉祭祀着山神、雷神、河神、海神、土地、城隍、妈祖，以及关帝、二郎神、龙王、药王、蚕神、瘟神、财神等。像辽宁的北镇庙、广州的南海神庙、山东的泰山岱庙和碧霞祠、北京的东岳庙、山西解县的关帝庙、四川灌县的二王庙、陕西耀县的药王庙、香港的黄大仙观、台湾的北港朝天宫等在当地都有着相当的影响力。

在这些著名的大型宫观的殿堂之内，设置了许许多多神灵塑像或画像，给前来供奉的人朝拜。还设有膳堂（食堂）和宿舍，一方面是给道士平时居住

青羊宫八卦亭 唐

八卦亭，平面为八角形，攒尖重檐建筑，属八角堂模式的一种，东、东南、南、西南、西、西北、北、东北各面刻有兑、乾、坎、艮、震、巽、离、坤八卦，是取法周易后天八卦模式而做。

道教的宫观是道教徒祭神礼拜的场所，也是他们隐居、修炼之处所。

使用，另一方面，也作为信徒及游人们来烧香、祈祷时借住的房间。这些房间一般在道教的整体建筑群的拐角和僻静处，单独为一个寂静的院落。现在，这类房间许多都分出档次，供香客们选择租住。其中还有一些房舍，根据附近的名胜古迹和奇异的地形，特意建在山泉溪流、巨石怪洞、悬岩古树的旁边，优美的自然风景配合以独具匠心的楼、阁、台、榭、亭、坊，形成了园林整体上的庄严肃穆、清新舒适。室内大多还饰有壁画、雕塑、书画、联额、题词、诗文等艺术精品。据说，这些处所以前只有著名的高道才能居住，现在很多都向游人开放。巧夺天工的建筑师们，很会因地制宜的突出建筑的道教艺术性。建筑飘逸高雅、玄妙神奇，真是让人叹为观止。

道教建筑和佛教建筑

道教一贯注重兼收并蓄，是一个开放的宗教。比如，它的许多宗教仪轨都不同程度上模仿了佛教的做法。在道观建筑方面也是这样，大量吸收佛寺的一些风格，然后与自己的信仰巧妙结合在一起。如佛寺山门设两金刚力士，道观则将其替换为龙虎神像；大佛寺的天王殿中有四大天王，道观在相应的位置摆上了四大值功曹；佛寺的大雄宝殿供奉三世佛，道观三清殿就供奉由元气化成的三清尊神；一般的佛寺有戒坛、转轮藏，道观也必然有与之相对应的建筑。只是道观中没有佛寺中某些有特殊背景的建筑，如大佛阁、五百罗汉堂、金刚宝座塔等。除此以外，道观在建筑时还十分注意吸收民间艺术，如道观中的塑像与壁画的题材多为世俗常见，建筑风格也比较接近世俗建筑。这些都可以看做道教是一个土生土长的中国宗教的明证。

道教建筑的布局和色彩搭配，都力争保持和谐，与中国古代阴阳五行说一致。具体体现为，用一些壁画描绘日、月、星、云、山、水、岩石等，表示光明普照，长生不老；用扇、鱼、水仙、蝙蝠、鹿等吉祥物，代表善、裕、仙、福、禄；还有一些莺、松柏、灵芝等象征友情、长生、不老等。另外，器具或建筑物上都刻有福、禄、寿、喜、吉、天、丰、乐等字样作为装饰，兼取吉祥之意。窗棂上有时掩映着一百个形态各异的寿字，叫“百寿图”。“八仙过海”一类的神话故事，多成为壁画的题材，是道教建筑内的重要装饰。

道教建筑中有许多至今保存完好，仍旧在发挥着其固有的作用。这些道教建筑作为道教文化的一种固体传播方式，深深地打上各个时代道教文化的烙印，是我们今天研究道教文化的活化石，同时也是中国古建筑文化的重要组成部分，是中华民族传统文化的瑰宝。

古朴飘逸

——道教绘画

事　　件：道教绘画的历史、题材、代表画家及作品

代表作品：《乘云驾龙图》、《朝元仙仗图》、山西芮城永乐宫壁画

代表画家：阎立本、吴道子、武宗元

道教有着悠久的历史，是中国民间自发生成的宗教，其最早源于先民的神仙信仰，以及对自然、祖先和英雄的崇拜，从始至终充满着神仙人物与神话故事。这无意中给画家提供了充分的想象空间，理所当然地成为道教绘画表现

长生不老是许多道教徒追求的梦想，山的旷古不衰常令人联想到长生不死。

梦境中任何事都可能发生，包括飞翔。据说张三丰就是在梦中发现了太极的奥秘的。

梦仙草堂图　明　唐寅

汉字“仙”，即一人一山，在这幅绘画中反映了道教的重要思想：隐居、长生不死和自然的重要。

关键词　道教艺术　道教绘画　神仙道人画　壁画　水陆画

的重要题材。

道教的绘画，源远流长，是道教艺术丛中一朵别致的小花。道教的绘画作品，除了表达宗教主题以外还带有浓郁的时代特色，在历朝历代都有许多精品。其中有的是作为宣传宗教思想的工具，有的是修道情感一种宣泄方式。

道教绘画中反映神仙信仰的绘画作品早在黄帝时就已出现。道教经典《云笈七签》记载：“黄帝以皆有佐命之山，乃命潜山为衡岳之副，帝乃造山，躬行写象，以为五岳真形图。”《风俗演义》也说：“黄帝时，有神荼、郁垒兄弟二人，能执鬼，于度朔山桃木下，简阅百鬼之无道者，缚以苇索，执以饲虎。帝乃立桃于门，画二人像以示鬼，谓之仙术。”可见，关于神仙鬼怪的绘画那时就已经出现了。稍后的春秋战国时期，有确切记载的是《驭龙图》和《夔风美

退隐中的书生、文人或神仙家是道教绘画中常见的题材，是摆脱世俗的表现。

松树象征长寿，在道家著作中非常重视长寿，认为不求私利者才能长寿。

山水的本质展示出道教的重要观念，流过山峰林木的风，就像人们呼吸流过喉咙的气。

最早的关于神仙鬼怪的绘画出现在黄帝时期。

女图》，堪称此类绘画的代表作。

两汉时期，绘画艺术获得了长足的进步，道教尊崇的神仙，如东王公、西王母、雷公、电母等，崇拜的图腾如朱雀、玄武、青龙、白虎、太极、北斗等都成为这一时期绘画的题材。汉末道教正式形成以后，反映神仙信仰的绘画也进入了全新的发展阶段，被称为神仙道人画。神仙道人画盛行一时，《历代名画记》说："有不兴之杂纸画龙虎图、纸画青溪龙、赤盘龙。"民间亦有"老子犹龙"的说法。其中最为有名的是《乘云驾龙图》，据《太平经》记载，图中的天尊乘舆，舆前有三龙驾辕，两边二龙拉套，周围云雾缭绕，天尊身后有二侍者，端拱捧芴。舆上华盖丝带飘飞，舆后旌旗迎风招展。该图生动地描述了道教始祖的一派神仙之姿。而其他陪衬性的画面则展示了道教徒理想的生活境界。

三国两晋南北朝时期是道教发展的黄金阶段。道教组织空前扩大，大量宫观、祠庙也雨后春笋般地遍地开花。这一时期，道教绘画出现了新的形式——壁画。壁画是墙壁上的绘画艺术，一般绘在宫殿、寺观、墓室、石窟等墙壁上。这些道教建筑的墙壁成了道人和爱好道教的民间艺术家发挥想象力，施展画技的平台。壁画逐步成为道教绘画的主体。道教壁画的题材十分丰富，表现技法多样的，或者白描、工笔重彩，或者水墨写意、沥粉贴金等，有时也用矿物颜料。因为这样画面的色泽鲜艳，即

知识点击

永乐宫中的道教壁画

山西芮城的永乐宫，又称纯阳宫，其宫内的绘画颇具代表性。永乐宫的大多数主殿（山门除外）内都绘有精美的道教壁画，总面积超过1000平方米。在永乐宫主殿三清殿的殿内壁上绘有《朝元图》。这是永乐宫壁画的精华所在，总面积达403.34平方米。南墙两侧绘有青龙、白虎两位星君，以八位主神为中心，神龛后的三十二天帝为后卫，四周围着金童、玉女、仙侯、力士、玄元、帝君、神将、星宿、左辅、右弼、天丁、神吏、侍臣等290余尊神仙。每尊神像的高度都在二米以上。画中人物栩栩如生，形态各异。而且众多神仙不同的性格在画工的生花妙笔之下，表现得惟妙惟肖。另外还有纯阳殿的《纯阳帝君仙游显化图》、重阳殿的《王重阳显化图》，都是以连环画的形式存在的，也具有相当的艺术价值。

道观壁画的最早开端，当属汉武帝在甘泉宫建台室画天地太一诸鬼神。

便历经许多年风吹雨淋，仍然不会改变原来的风采。

道教十分注意利用壁画这一艺术形式，在整个传承过程中，壁画从始至终以道教所信奉的神仙以及人们耳熟能详的神仙故事为主要题材。同时，也出现了描绘道教圣地的山水画和用于指导修炼的方术示意画。壁画内容上的丰富使其自身的生命力更强了。因此，人们越是崇奉道教，道教壁画也就越是兴盛。壁画很大一部分是描绘人们心中所崇拜的神仙。面对这些壁画，信徒不禁浮想联翩，对神仙的敬畏之心油然而生。

水陆画中的道士形象图 明

明清以后，用于道教宗教活动的水陆画开始发展起来。它们多属于民间画工所作，没有署名，艺术水平也高下不等，是研究民间美术和道教神仙信仰的重要资料。

隋唐时道教壁画大胆吸收了国外的绘画成就，佛教、道教绘画之间也互相融合、借鉴。当时道教的宫观建筑遍于全国，长安、洛阳等地方的大型宫观更是异常宏伟壮丽。这时道教的壁画大多出自著名画家之手，隋代展子虔、杨契丹、郑法士，唐代阎立本、尉迟乙僧、张孝师、吴道子、刘行臣、陈闳、韩干、王维、赵公佑、范琼、张南本等，都以宗教壁画著称。唐代中期的安史之乱使得著名画家纷纷入蜀，在比较安定的四川地区，道教壁画得到了巨大发展。在唐宋人的著述中，记载了唐代裴孝源《贞观公私画录》、朱景玄《唐朝名画录》、段成式《寺塔记》、张彦远《历代名画记》及宋代黄休复《益州名画录》等著名的道教壁画。

五代十国时期，道教的势力进一步

神仙画像通常以"画以立意"为宗旨，采用"以形写神"和"以神写形"的方法。

永乐宫朝元图(局部) 元 佚名 壁画

永乐宫又称纯阳宫，原在山西芮城永乐镇，后迁龙泉村今址。

膨胀，其神仙谱系也扩编了不少。这又给道教绘画注入了新的活力，题材更为丰富多样。据《宣和画谱》载，该时期的代表作品主要有《元始天尊像》、《南北斗星真像》、《金星像》、《水星像》和《土星像》。这一时期周文矩的《钟馗图》、《许仙老遇仙图》，陈晃的《玉皇大帝像》、《太上像》、《天官像》、《三仙会棋图》、《葛仙翁飞钱出井图》、《九天定命真君像》、《长生保命真君像》等都为时人所称道。后来的《三教重屏图》、《药王像》、《许真君拔宅成仙图》、《六甲神像》、《青城山图》、《二十四化山图》等都是传世之作。

宋代的道教壁画，因朝廷几次大规模地兴建宫观而发展到了鼎盛。最著名的是现存美国纽约的武宗元的传

道教画家

中国历史上以道教人物、神仙故事为绘画题材的画家不在少数，但真正有传世经典作品的并不多。其中最著名的是东晋的顾恺之，他曾绘有《列仙图》、《洛神赋图》等。《洛神赋图》所描绘的神仙境界对后世有很大影响。唐代著名高道阎立本的作品中就有《行化太上像》、《元始像》等近20幅道画。大画家吴道子也有许多道画传世，如《二十八宿像》、《列圣朝天图》、《天尊像》等，而他画的《钟馗像》更是不朽之作。宋代人物画中道画占了相当的比例。从题材上看，宋代道画描绘隐逸山林的仙真人物，着重渲染其“返朴归真”、“清静无为”的境界与情趣。明清以后，随着道教的衰落长于道画的画家很少。另外，道教历史上出了许多擅长绘画的道士，其中画有所成颇为著名的就有：朱耷、陶弘景、李德柔、厉归真、方从义、张素卿、黄公望、张雨等人。他们的绘画成就在中国绘画史上占有举足轻重的地位。

壁画所用颜料多是矿物颜料，所以图画色泽鲜艳，经久不变。

世之作《朝元仙仗图》。武宗元的其他作品如《真武像》、《火星像》、《土星像》、《天帝释像》、《天尊像》也都是经典之作。元代，道教壁画继承了唐宋遗风，作者大多是民间的画工。今天仍能看到的只山西境内就有洪洞县水神庙明应殿壁画、高平县圣姑庙壁画、稷山县青龙寺壁画、芮城永乐宫壁画，这些都是这一时期的作品。其中，芮城永乐宫壁画最为著名。

明清以后的道教壁画虽然比较多，但是优秀作品很少，今天我们能看到的明清时期道教壁画作品有代表性的，只有山西省新绛县的稷益庙壁画。明清时期，没有宋元壁画那样辉煌的艺术成就，但用于道教宗教活动的水陆画开始发展起来，水陆画是研究民间美术和道教神仙信仰的重要资料。它们多为民间画工所作，没有署名，艺术水平也良莠不齐。

道教绘画的题材虽然集中于道教中的神仙、神话人物、神话故事等，但在长期的发展过程中，已经与其他宗教以及民间绘画艺术充分融合，尤其是在绘画形式和表现手法上时代、地域色彩相当浓厚。道教绘画是中国传统绘画艺术的重要组成部分，甚至一度影响着中国绘画的发展方向。

著名道士画家有：陶弘景、厉归真、黄公望、张雨、方从义、朱奋等。

事　　件：道教武功的形成、发展完善及类别

人　　物：张三丰、王宗岳、董海川、张守性、金子弢

武功类别：太极拳、八卦掌、太乙五行拳

道教重视养生，而且强调“我命在我”的积极人生观，因此道教的历代修行者都十分注重强身健体之术的研究，同时付诸于实践。经过长期的积累和淀析，大约在宋明之际，形成了较为成型的道教武功，以后不断发展完善，渐趋成熟，成为中华传统武术的重要分支。

我们今天所说的道教武功，主要指得是由张三丰开创的武当派武功。武当山山势奇特，有泰山之雄，华山之险，风景秀丽，气候宜人，很适合道教中人修身养性。武当山在明代以前就已经成为道教活动的胜地，并且是道教信奉的“玄天真武大帝”的发祥地。早在唐朝初年，山上就建有五龙祠。到了宋真宗年间该祠升格为“观”。元世祖至元二十二年，又下诏“改观为宫”。由此可见，武当山在道教中的地位一代高似一代。

明朝时候，武当山在道教中的地位达到顶峰。据说，永乐皇帝朱棣在“靖难之役”中屡屡得到玄天真武大帝的神兵相助。为了报答神明的恩典，明成祖下令在武当山大兴土木，为玄武大帝修建了八宫、二观、三十六庵堂、七十二岩庙、三十九桥梁、十二亭台。如此浩大的工程，据传言仅仅是为了征召、寻觅张三丰。

张三丰像

张三丰，武当派的创派祖师。他原名张通，字君宝，号玄玄子，祖籍辽宁懿州。《明史·张三丰传》记载，“其人丰颀魁伟，龟形鹤背，大耳圆

关键词 道教武功　武当派　太极拳　八卦掌　太乙五行拳

知识点击

陈式太极拳

陈式太极拳，由河南陈家沟的陈王庭始创于明末清初，已有300余年的历史。自陈王庭后，陈氏拳法代代相传，出现了很多大家。继而又由陈氏拳法衍生出武式、杨式、吴式、孙式等不同的太极拳种。其中陈家第十七代宗师陈发科，在京教拳近30年。他平时少言寡语，潜心研究武术，在原来陈式太极去的基础上不断提高，创造了新的拳式，丰富了陈式拳法的内容。陈发科晚年创造的陈式八十三式太极拳现在全国范围内流行。他的侄子陈照丕、儿子陈照奎都是陈式太极拳的代表人物。

目，须髯如戟，寒暑一衲一蓑。”传说他不修边幅，人称“张邋遢”，修道多年，云游至武当山，在此得到了觉远大师所授的九阳真经，勤学苦练，几年后内力大增，能“一人杀百贼”。后来，他又深入钻研道藏，深得道家的练气之术，领会了武功中以柔克刚的至理，终于将自己自悟的拳理和道家冲虚圆通之道以及九阳真经中所载内功糅合在一起，独创了武当派武功。后自号为三丰，人称张三丰。

李约瑟在《中国科学技术史》中说：“张三丰的名字，现今是与中国拳的一个派别叫太极拳的联系在一起。”张三丰擅长内功，精于拳脚，他创立的武当功夫和道教的武当派名振中华，他本人被推崇为中国内家功夫的始祖。以武当功夫为源头和主体的道教武功首推太极拳。今天的太极拳，不仅是流行的强身健体方式，也是我们一窥道教武功最直接的资料。

由张三丰内功演化而来的太极拳，综合吸收了明代各个武功门派的拳法，尤其是三十二势长拳，在张三丰的融会贯通下，结合道家的导引、吐纳之术，以及道教医学的经络学说。该拳法在理论上以阴阳五行学说、内丹学思想作为拳理的基础，有根有据，讲求实效，深受练习者的青睐。

据说张三丰当年研究出太极拳后，常常练习，把天地阴阳二气运转的规律，带到人体中去，调理人体内五行的运转。这种拳术以绵软为主旨，活动筋骨，调剂身心，或者是防范敌人方面都有前人武功所没有的妙处，堪称是武林绝学。他将其传授给自己的弟子，在世间加以推广，他的弟子张松溪、张翠山就得到他的亲自传授和指点。那时太极拳只有十三式，所以又称太极十三式。太极拳的发展和传播十分迅速，后来衍生出许多流派，先后出现了陈氏、杨氏、吴氏、武氏、孙氏、和氏太极拳等。他们都有各自的特色，但不约而同地在古老的太极十三式拳法的基础上加以创新。

张三丰创太极拳后该拳法一直没有正式定名。到清代，山西武术家王宗岳写成《太极拳论》，太极拳才正式定名。太极拳虽然分陈式、杨式、武式、吴式、孙式五派，但他们拥有共同的特点，如要保持心的澄净，呼吸和动作保持和谐，练功的过程要平稳，力求自然的呼气吸气，动作大多成弧形，柔和，不急躁，以缓慢为特征，刚柔相济，虚实结合。该拳法和道教的哲学思想保持一致——人处在太极阴阳的变化之中，因此用刚柔、虚实、动静、快慢、开合、屈伸表示和天地、太极、阴阳的对立统一。太极拳又衍生出太极刀、太极剑、太极枪，其实这些武功原理和太极拳大同小异，不过是使用兵器而已，练习的人只要能举一反三，往往是一通百通。

武当派功夫中极为重要的一个组成部分——武当派的八卦掌，由清咸丰年间董海川所创，以站桩和行步为基本功，以绕圆走圈为基本运动形式。走转的足迹路线分为走阴阳鱼、走九宫、走八卦图等。这是一种把攻防招数和导引方法融合在绕圆走转中的拳术。以前的名字是“转掌”，后来改称“八卦掌”，也称“八卦转掌”、“游身八卦掌”、“阴阳八卦掌”、“八卦连环掌”等。学习这种掌法的人，一般都是按照八个方位来走圈的转掌，和太极拳一样与道教的哲学思想保持一致，吸收了许多道教的理论，“以动为本、以变为法”，经常练习，健身延年。

武当功夫中的太乙五行拳也是声名

知识点击

杨式太极拳

杨式太极拳由杨露禅始创，后经祖孙三代人不断丰富发展，趋于完善。从杨露禅学成教拳，至今已经有近150年的历史。杨露禅，生于河北省的永年县。10岁到河南温县陈家沟陈德瑚家做书童。著名武师陈长兴在陈德瑚家教授徒弟，杨露禅在一旁伺候的时候，偷偷学习，久而久之大为长进。一次，陈家师兄弟多人与之较量，皆败于他的手下。陈长兴惊叹于其悟性，正式收其为徒，授以绝技。后来，他学成功夫，经人举荐到北京教拳，王公贵族都成为他的学生。后来经他的儿子、孙子三代人一起努力，在陈长兴所传的太极拳基础上，不断完善，演化为现在流行的杨式太极拳。

武当八卦掌技法讲究纵横交错、随走随变。

太乙五行拳为明朝龙门第八代张守性所创，根据张三丰的"太极十三式"发展而成。其击技方面注重擒拿，包括锁颈、封马、擒臂、脱腕等技法。

在外，流传较广的一种道教武当派拳法。武当太乙五行拳，又称太乙五行擒扑二十三式，本来是武当山秘而不传的拳技，代代私相授受。武当派传人金子弢，在20世纪80年代山西太原的全国武术观摩交流大会中第一次将这套拳法当众表演，一时间举座皆惊。这种拳法是明朝龙门第八代传人张守性所创，由张三丰的"太极十三式"发挥而成，声东击西，适合群斗，注重擒拿，掌劲以松柔为基础，但出掌沉重而具有爆发力，被视为武当山"镇山之宝"。其技巧高，拳理深，武当弟子都很少有人得到真传。

据说，今天可以总结和整理出来的武当拳法有30多种，拳械套路18种，气功9种。这些名称——内家拳法、武当太乙五行拳、武当纯阳拳、五遁阴阳八卦掌、武当丹派剑术、武当原式太极拳、太和拳、武当清虚派武功、武当擒拿108手、武当山三天门气功等，无一不渗透着道教的太极阴阳观念、"和"之宗旨。

太极拳不仅适合于搏击、防身，而且在强身健体方面更有其特殊功效。伴随着武当拳、武当剑谱系的出土和太极拳法的再次被整理，武当功夫进一步受到重视继承和发扬。武当功夫是中华民族传统武术的精华。

流芳溢彩，光照千古

——道教奠基者

事　　件：道教的开创
时　　间：上古时期到战国时期
人　　物：黄帝、老子、关尹、庄子、列子
主要典籍：《道德经》、《庄子》

黄帝像

道教作为中国古老的宗教，对中华民族的传统文化、民族气质有着深远的影响。鲁迅先生曾说：“中国的根柢全在道教……以此读史，有许多问题可迎刃而解。”那么道教的“根柢”又在哪里呢？现在我们就追溯一下道教的奠基者。

最早与道教有关的人物首推黄帝，但他并不是道教的开创者。之所以把他作为道教的奠基者，是因为黄帝确实是可以被追溯到的最早的道教的灵魂人物。

黄帝是中国有史以来最早的领袖，是中华民族共同的始祖，姓公孙，生于有熊国的轩辕地丘陵地带，所以称为轩辕氏，或有熊氏。据说，黄帝生下来就非常聪明，且有神力，《列仙传》中说，黄帝能够使鬼神震服、回避。总之，黄帝有神奇的法力。道教从一开始就把黄帝当做始祖。至今道教使用的法器“黄神越章”和“解注瓶”，都是希望能借助黄帝的力量来降伏妖魔鬼怪。

民间传说中，黄帝大战蚩尤，很长时间不能获得胜利。于是西天的王母娘娘，就派遣了九天玄女下凡，把灵符、道法和《阴符经》传授给黄帝。可见黄帝是最早被记载的接受上天道法的人。黄帝得到这些道法后，不断研习，最后在战场上擒杀了蚩尤，安定四方。然后，黄帝与部下共同制定典章制度，进行了一系列发明创造，使人们过

关键词　黄帝　老子　关尹　庄子　列子　始祖

上安定富足的生活。后来，黄帝的功德感动了上天。在他百岁诞日，也就是他在荆山之下定鼎天下的那一天，突然有一条黄龙从天悠然而下，说是前来迎接黄帝去做神仙。黄帝向众人挥挥手，毫无留恋地放弃了王位，上天做了神仙，并列在最尊贵的五帝之中。在南朝的陶弘景编纂的《真灵位业图》中，把黄帝列于第三神阶之左，称为元圃真人轩辕黄帝。在道教历史和典籍中，黄帝被认为是道教的奠基者、最受推崇的始祖人物。

在黄帝之后，为道教门徒所念念不忘的对道教发展有极大贡献的人物，当推老子。老子姓李，名耳，字伯阳，谥号聃，所以又称老聃。他是楚国苦县（今鹿邑县）人，大约生活在公元前571年至前471年之间，曾做过周朝的守藏史。据说，老子幼年一边放牛一边读书，他聪颖勤快，晚年回到故里陈国，后来出关到秦地讲学，最后逝于扶风。老子学识渊博，《史记》中讲孔子曾向他请教过有关礼教的问题。老子是道家的开山之祖，被奉为中国古代圣人之一。他的地位崇高，李唐王朝自认是他的后代。老子作为道家学说的创始人，其思想被后来的庄子发挥。同时法家、儒家等学派也吸收了老子的部分思想，以充实他们的学说。

老子遗留下来的著作，仅有“五千文”即《道德经》又称（《老子》）。这是老子用韵文写成的一部哲理诗，是道家的主要经典著作，是老子哲学思想的最直接体现。这本书开创了中国

黄帝战蚩尤 画像砖

蚩尤是今山东一带的部落联盟首领，本领高强，横行霸道，黄帝与他在涿鹿展开激战并将其擒杀，涿鹿之战成了中国古代战争起源的标志。战争使中国逐渐形成为以黄帝、炎帝部落为中心的华夏民族。

紫气东来图轴 清 任颐

此图取材于老子骑青牛西出函谷关的故事。杜甫对此曾有诗云："东来紫气满函谷。"后来"紫气"一词演变为吉利之意。图中老子身着赤衣，须眉皆白，高额、凸颧、阔耳、长颌，笑意盈盈，童颜鹤发。

古代哲学思想的先河。在文中老子阐发、构造了一个唯物主义体系，具有朴素的辩证法思想，他宣扬自然无为的天道观。这部著作在中国长期的封建社会中，对社会政治生活和人们的精神生活产生了重大影响。老子的哲学思想和由他创立的道家学派，对中国2000多年来思想文化的发展，产生了深远的影响。

2500多年前，老子就想象出最初的宇宙混元一气，天地不分，独立在空中，依一定的轨道运行，无声无息，永无休止。这与后世科学家关于宇宙起源的学说竟然基本吻合，真是让人匪夷所思。老子把宇宙最初的现象称为"大道"。他是最早提出"道"的人，老子的"道"是万物的本源；是万物运动变化的规律；同时也有自己的规律，即客观，自然，不以人的意志为转移，不受它物的干扰，清静无为的特性。

老子的"道"落实到人，有天道、人道之分。他认为人道来源于天道，所以天道与人道是一致的。"万物"本身包括了人，所以人同样受道的规范和制约。老子把"道"和"德"相提并论，在《老子》一书中，"德"提到了33次，仅次于"道"。对"德"的解释，老子认为是指禀道而来的本性，并且强调只有遵从道与德，才能生生不息。道和德一起构成了人生价值的源泉，老子的人生信仰就是

道教大致是在鬼神崇拜、神仙信仰与方术和黄老学说中的神秘主义成分的基础上演化而成。

返璞归真。

在社会政治领域，老子提出了作为君主的南面之术。他从“道”的哲学理论出发，建议君主“无为”。“无为”不等于不做事，而是“好静”、“无欲”、“因任自然”，最终目的是希望君主多为百姓考虑，顺民之性，因民之情，垂拱而治，才能“无所不为”。他强调无为，主张君主少用兵，尽量不要扰乱人民的生活。他的社会设想，体现在桃花源式的乌托邦里：国小，人少，没有什么斗争，甚至用不着多少工具和文字。像原始社会那样跟宇宙万物和谐共存。这便是老子最大的梦想。

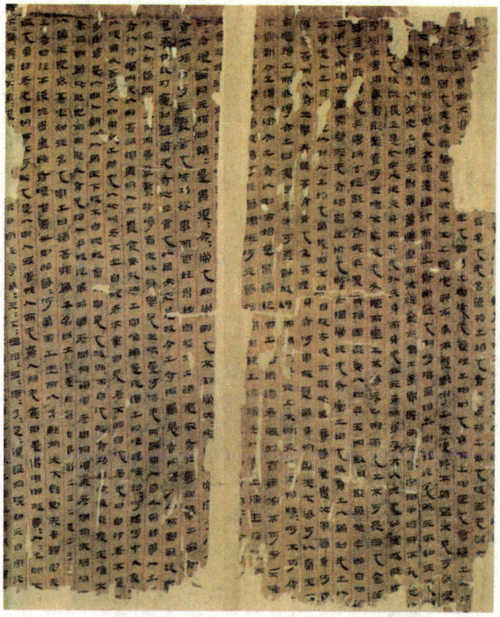

帛书《道德经》

在老子之后，关尹对道教的发展也有相当的贡献。关尹是春秋时期的天水人。道书中说，他在周康王时做过大夫，曾经写过道书九篇。关尹在道教中地位是很高的，被称为关尹子，常常和老子并称。据《庄子》记载，关尹是个在人世间隐居，道行很高的一个人。当时老子打算西出函谷关，关尹晚上看了天象，知道有真人将要从函谷关经过西去，于是事先到那里去做“关令”。关

黄帝和养生

黄帝自从打败了蚩尤和炎帝统一华夏各族后，遍及各处寻访高人名士以期求得长生之道。他曾在崆峒山向一位已经得道的“仙人”——广成子请教养生之道，大受启发，之后又和当时神医岐伯、少俞、雷公等人讨论养生之道。然后，黄帝依照这些养生方法修养，同时注意约束自己的思想，尽量不受外界的骚扰，清心寡欲。因为精神专一，他虽很劳苦，但并不怎么疲倦；因为没有过多欲望，生活得就快乐。在饮食方面不论美味佳肴还是粗茶淡饭，他都吃得津津有味；在穿着上也很随便。经过长期修养，黄帝“存其真气”，一直活到120多岁。可见，黄帝的养生之道非常奏效。道教尊奉黄帝，所以他的养生哲学也贯穿道教教义的始终。

“道教”一词首见于《老子想尔注》。

尹等到老子快到来的时候，沐浴斋戒，让下人清扫路径，焚香等候着真人——老子的到来，果然老子来到了函谷关。关尹对老子非常恭敬，执弟子礼，一再请求老子在离开前留下只言片语，以传道法。老子面对关尹的热情很是感动，于是答应他的要求，写下了“五千文”，并且教授关尹内外修炼之法。传说，关尹也随老子一起西去。这两个人后来的踪迹，就没有人知道了。《道德经》却得以流传下来了，根据道教的说法，关尹后来也得道成仙，称为“无上真人”或“玉清上相”，是天府四相之一。关尹对于道教最大的贡献，除了他的道书九篇，就是促使《道德经》的出现。

庄子像

在黄帝、老子、关尹之后的庄子也是道教早期的奠基者之一。庄子名周，战国时宋国蒙人，早年做过漆园吏，后来一直隐居。庄子生活贫困，却淡泊名利，当时的楚王听说庄子学识渊博并且很贤德，就派了使者带着礼金到他的家里去，请他出任宰相，但是庄子拒绝了。可见他不为世间的名利所动摇，一心向道。传说，庄子后来也得道成仙了，他留在世间的五十二篇文章，经过整理就是《庄子》。唐玄宗封庄子为南华真人；宋徽宗时，他又被封为微妙元通真君。《庄子》一书，因为庄子南华真人的称号，所以又被称做《南华经》。

道教史上，老、庄是并称的。庄子对老子道家的思想既有继承，又有发展。他在理论上继承了老子的道，认为

庄子视钱财如粪土

《庄子·列御寇》中记载，宋国有个叫曹商的人，为宋王出使秦国。去时，宋王送车数乘；回来的时候，秦王又送车百乘。回到宋国时，他路遇庄子，嘲笑道：“你居住在这么贫穷的地方，靠织麻鞋为生，瘦得脖子枯槁、面带菜色。可能这就是先生的擅长之处，我是做不到的。但是去见尊贵的国王，得到上百乘车的赏赐，我却易如反掌。”庄子面对这样的狂妄之徒，从容说道：“我听说秦王有病的时候请医生看病，挤脓的人只能挤在一辆车上，可是舔痔疮的人，却可以独自坐五辆车。您莫非就是后者，不然怎么会有如此多的车呢？”

庄子的哲学思想大体可归纳为以道为实体的本体论、“万物齐一”的相对主义认识论。

梦蝶图 刘贯道 元

此图取材“庄周梦蝶”的典故。

道是产生万物的根源，无所不在。庄子心目中理想社会是无为而治，人们都顺应大道。庄子还主张人们应当注重修身养性，减少欲望，不要为外在事物所驱动。庄子对于老子思想的继承和发挥，极大地影响着后来道教的思想，以及道教的教义。老、庄是道教最为著名和思想印迹最深的奠基人。

战国时期的列子（又称列御寇）也是道教的奠基者之一。《历世真仙体道通鉴》上说，列子是郑国人，年代比庄子要早。相传列子曾向关尹子问道，拜壶丘子为师，先后得到很多高人的真传，潜心修道九年之后，能够“御风而行”。民间传说，列子在立春这一天，要乘着仙风上天遨游，俯瞰神州大地，到立秋时又飞回来。列子在人们心目中，代表着自由、逍遥。列子写了很多寓言，通过寓言的方式告诉弟子和向道之人，要虔诚地修炼，务必摆脱人世间贵贱、名利的羁绊，顺应自然的大道，只有保持内心的澄净，才能享受到真正的快乐、自由和做神仙的美妙感觉。列子在唐玄宗天宝年间被封为“冲虚真人”，宋朝被封为“冲虚观妙真君”。

黄帝、老子、关尹子、庄子、列子等人的思想和著作直接影响了后世道教的思想和教义。他们的自然观、社会观、人生观以及神仙观，成为后世道教徒的信仰，而他们本人也成为道教所供奉的始祖。从某种意义上说，没有他们就没有后世的道教。因此，他们虽没有直接缔造道教，却称得上是道教奠基人。

东汉时期的炼丹道士魏伯阳是道教的丹经之祖。

发冠切浮去，长剑出天外

——道教发展者

事　　件：道教的发展
时　　间：东汉后期到南朝
人　　物：张道陵、魏伯阳、葛洪、寇谦之、陆修静、陶弘景
主要典籍：《周易参同契》、《抱朴子》、《灵宝经目》、《真诰》

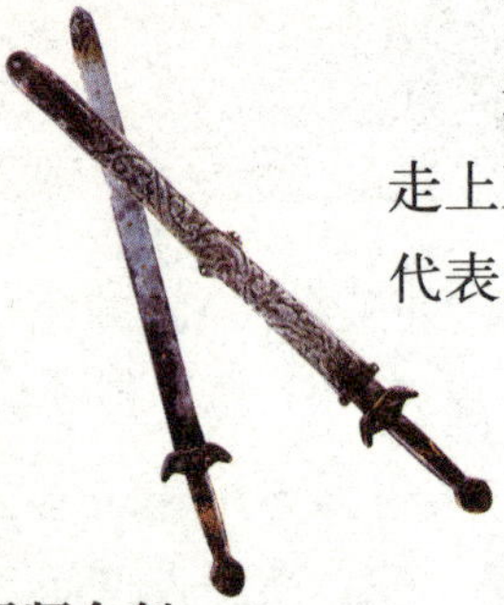

天师令剑

剑身多刻有北斗七星，又称七星剑，是张天师三大法宝之一，可以驱邪镇魔。

道教经过老、庄等人的思想奠基，在两汉魏晋南北朝时期走上正规的发展道路。这一时期，道门中出现了一系列杰出的代表人物，大力推动了道教的发展，使之制度化、体系化。

道教真正步入发展的快车道，应该是在东汉后期。当时沛国丰县人张道陵，自称是汉初张良的第八世孙，创立五斗米道，后来成长壮大，从而有力地推动了道教的发展。张道陵生性好学，7岁的时候就能看懂《道德经》以及一些深奥的讥讳书籍，成年后博览群书，尤其精通四书五经和黄老之道，后

知识点击

梁武帝和山中宰相

梁武帝萧衍还没有做皇帝前，就和陶弘景是好朋友。萧衍刚刚得到大权，准备立国，但是新朝取什么名称，他一时拿不定主意。陶弘景根据当时流传的童谣和预卜吉凶的书籍，说国号应当是“水刃木处”，拼起来是“梁”字。萧衍采纳了他的建议，定国号为梁。后来，萧衍很感激陶弘景，派人进山慰劳他，同时也问询一些长生不老的道理。武帝和陶弘景书信、问候不断传递，使者的车子在途中一辆接一辆，相互可以远远地望见。武帝想请他出山，他就画了两头牛让人带去呈给武帝。画中一牛散放在水草间，一牛则被加上了金笼，有人执着鞭子在驱赶它。武帝一看，明白了他的意思，知道他不愿被束缚在功名利禄之中，于是就不再强求他做官，只是在有事难以定夺时，派人咨询。陶弘景由此得名“山中宰相”。

关键词　张道陵　魏伯阳　葛洪　陶弘景

来为了学道，竟抛弃了官位。据说，张道陵在北邙山隐居修道，得到黄帝赐的九鼎丹经。之后，躲在繁阳山修炼，最终炼成神丹。他服用神丹后，能够变化自如，世上的人都惊叹于他的灵异。在万山的石室中，张道陵又有奇遇，拥有了喝令山岳众神的法术。

后来，他带着自己的弟子到鹤鸣山上专注修道。这时，张道陵遇见了太上老君，在他的指点下进行修炼。三年后，太上老君传授的丹药依法炼成，张道陵却不服用，他说还要为国家除害兴利，赈济百姓，然后才能服丹药，还说只有在世上立下大功，去仙境后见到太上老君，才不会羞愧和后悔。后来，张道陵在世间真的立下大功，用掌握的法术降伏了妖魔鬼怪，太上老君封他为正一天师。张道陵到云台之前，把积攒的丹药、印、剑、符箓都传授给若干弟子，自己只携带大弟子王长、赵升，与夫人雍氏在云台山上乘风仙去。

魏伯阳与虞生像《列仙传》明 王世贞辑次

中国古代道教炼丹炉

这些都是民间传说，不可全信。但从这些传说中，我们可以看出，张道陵在道教中的地位和影响。张道陵对道教发展的贡献在于创立了五斗米道，即正一盟威天师道。张道陵被称为祖天师，该道派成为道教的一个重要分支。

张道陵之后，东汉又出了魏伯阳。

五斗米道前三代领袖：张陵为第一代天师，张衡为嗣师，张鲁为系师。

葛洪移居图扇页 清 胡慥 金笺

葛洪还乡后，受爵关内侯。听说交趾产丹砂，迁广州，止于罗浮山炼丹。本画绘其携家眷迁居途中的情景。

他是著名炼丹家，号云牙子，会稽上虞人。魏伯阳出身豪门，却生性喜欢学道。他修身养性，潜心研究道术，有很高造诣，却不为世人所知。魏伯阳的生活很恬淡，一生遵循大道的变化而平静地生活，看待功名利禄如过眼烟云。

其实，魏伯阳的真正贡献在于他的《周易参同契》。该书共三卷，风格酷似《周易》，内容兼及内丹和外丹。魏伯阳是世界上最早的炼丹家，其思想对炼丹术影响很大，后世称为“丹经之祖”。

东晋对道教贡献最大的要属葛洪。他是丹阳句容人，世间多称为抱朴子。葛洪出身江南士族，是道教另一著名人物葛仙翁的重孙，因此人称小仙翁。后来家道中落，他只得上山砍柴来换取纸和笔维持学习，成年后博学多才，其儒学成就无人能比。然而，他更喜欢神仙之道以及各种方术，于是遍游名山拜访名师，最初向郑隐学习炼丹术。后来，战乱纷起，人世起伏，在饱偿酸甜苦辣之后逐渐厌世，最终弃儒从道，前去罗浮山拜鲍靓为师专修道法。在那里他呆了许多年，终日修炼，研究道法，梳理和阐发道教理论，留下很多经典著述，如《抱朴子》。在神仙理论方面，葛洪全面总结了晋以前的神仙理论和方术，提出自己的见解。同时系统总结了晋以前的炼丹成就，记录了很多炼丹的方法。在书中，葛洪呼吁天下所有修道之人要注重修德，没有忠孝仁信，德行不够，学习再多

杭州抱朴道院

抱朴道院位于杭州葛岭半山腰，亦称葛仙庵抱朴庐，相传为葛洪设炉炼丹修炼之所。

《周易参同契》是中国现存最古的一部丹书。

方术，吃再多的神丹妙药都是没有用的；只有以德行为本，严格遵守戒律，学道，修身，才能得道成仙。

在道教医学中，葛洪占有特殊地位。他主张道士要懂得医术，只有精晓医学、药学的道士，才能救济世人以助功德完满，同时自己也能长生成仙。葛洪的《肘后备急方》、《肘后救卒方》、《金匮药方》、《玉函方》，记载了民间治病的一些常用方子，保存着大量道教医学的精华。其中关于天花的防治、结核病等的相关知识，是中国医学史上最早的记载。

道教发展到北魏，接力棒又传到寇谦之手里。他是新天师道的代表人物。寇谦之出身皇族，一生热爱仙道之术，少年时曾学习张鲁的方术，后来和仙人成公兴，一起去华山修道。期间，只吃采来的草药，不吃其他的东西，后又在嵩山隐居七年。他修道时在当地名声很大，是名震一时的道教代表人物。寇

葛稚川移居图 元 王蒙

此图表现了葛洪携子侄徙家于罗浮山炼丹的故事。

玄学是魏晋南北朝时代一种突出的意识形态，指对《老子》、《庄子》、《周易》的研究与解说。

谦之说，太上老君曾亲临嵩山授予他“天师之位”，并认为他天资颖悟，赐《云中音诵新科之戒》20卷，并委托他在人间整顿道教，除去伪法，设立教规，要求教众从此以后要以服食闭炼为修道的主要方法。他后来对道教进行一系列改革，都假托太上老君的名义。

道教像碑 北魏

碑文内容大概为道教的善男信女们的祈祷祝福发愿之类的话语。

寇谦之还称老子的玄孙李谱文降临嵩山接见了他，他由此得到驱鬼神和炼金丹的方法。他将道书献给太武帝，说神仙指引他去辅佐北方的“太平真君”。北魏太武帝听从了寇谦之的进言，改年号为太平真君，命他在平城东南建立新天师道场，又亲自去道坛受戒，封寇谦之为当朝的国师。之后，他在重臣崔浩的帮助下，开始道教改革和创新，改革道官职位的世袭制度，严格戒律，增订诸多斋仪和仪式，一度重建天师道。在政治力量的支持下，该道派盛极一时，后人称他的天师道为“北天师道”或“新天师道”。

南朝时大力推进道教的是陆修静，他是三国东吴丞相陆凯的后人，一度由儒入道，喜爱四处寻师访友，最终遗弃妻儿，入山修道。他最初隐居云梦山，又游历中国的名山大川，遍访名师，道艺高深。南朝宋元嘉末年，皇帝得知陆修静的道行高深便接见了他。陆修静提出的相关政策和观点得到了政府的支持，之后针对当时不利于道教发展的政策，道教内部管理混乱的弊病，他利用自己的地位提出一系列整顿的措施。他对道教的体制和制度很有见解，譬如提出道官的任职应该实行按照功德晋升，有奖有罚，不是单纯凭出身或者资历。陆修

陶弘景在养生方面主张形神双修，养神与炼形并重。

天师井的传说

四川陵州有口盐井，称为“天师井”。传说，天师张道陵经过此地时，有十二个玉女来迎接，都说愿意做天师的妻妾侍奉他。天师掐指一算，知道她们是地下森罗殿的阴神，必须设法降伏，不然会在阳间危害民众，于是让她们献宝，说视宝物而定选谁。结果十二玉女献出一样的玉环，天师将十二玉环一揉，变成径尺大环，往地下一扔，变成深井。十二玉女都脱了衣服进井寻玉环，却怎么也找不到。天师将她们的衣服统统藏进石柜中，这样玉女们就只好长住在井内。这井后来就被称做天师井。

静重视道教斋仪，他认为用礼拜、诵经、思神的方法，才能规范道士的行为，使道教信徒保持严肃认真虔诚的信仰态度。为此，陆修静编撰了斋戒仪范类的道经一百多卷。他梳理了道教的仪礼，使道教的活动、道士的日常生活有了初步统一和较为完备的方案。陆修静编成了《灵宝经目》一书，对道教经典进行整理和分类，创造了三洞四辅十二类的道教典籍分类体系，为隋唐以后历代整理道书，编修道藏所沿用。他一生致力于清理整顿的天师道，与寇谦之的天师道并行天下，被人们称为南、北天师道。

南朝时还有一位对道教有着突出贡献的高道就是齐、梁间的陶弘景。他出身南朝士族，受过良好的教育，15岁写成《寻山志》，20岁成为太子的陪读，30岁拜东阳道士孙游岳为师，学道法和方术。36岁时，陶弘景弃官修道。后来，梁武帝请他出山，他不肯，只答应作为朝廷的顾问。梁武帝经常到山里征询其意见，人称“山中宰相”。陶弘景是一位炼丹家、医药家、文学家。他一生游历名山，收集各种道书，整理道教史上有名道士传教的史料，编成《真诰》。他在茅山开设道馆，广收门徒，传播自己对道教的理解和体会，开创茅山派。陶弘景编定了中国道教史上第一部比较规范的神系著作——《真灵位业图》，丰富了道教神仙谱系和理论。同时他还兼学医道，整理编撰了《本经草集注》、《华阳陶隐居本草》、《药总诀》等医学书籍。而他的《养性延命录》作为重要的养生书籍，是道教养生学的代表作之一。陶弘景是道教发展史上不可或缺的人物之一。

道教在历史的长河中，生生不息，就是因为有这些杰出的道人竭尽全力将其推向前进。这些道教的发展者在推进道教发展的同时，也大大丰富了中国的传统文化和科学知识，值得后人缅怀。

陆修静撰定的《三洞经书目录》，是中国最早的道教经书总目。

枝枝叶叶向根寻

——道与术的汇聚者

时　　间：唐初到宋元时期
事　　件：道与术的汇聚
关键人物：孙思邈、司马承祯、陈抟、张继先、北五祖、北七真、南五祖
主要典籍：《千金方》、《坐忘论》、《大道歌》、《心说》

道教发展到唐宋时期，道和术逐渐汇聚，融为一体。在唐代，皇室以道教始祖老子的后代自居。自此，道教开始出现了一系列兼修道与术的高道，将二者紧密结合。

银平脱狩猎神仙纹镜　唐

镜的上方有一仙人骑鹤西去，下有一奔跑的猛兽，后有一骑士扬鞭催马追逐；镜钮下方一剔透玲珑的假山，山旁有花草树木，树间有飞鸟仙鹤，镜边缘花草众多。

唐宋时期，道与术的汇聚者首推唐初的孙思邈。他不仅道行高深，而且以医道驰名于世。18岁时，医道就已经很纯熟，亲戚和邻居有生病的，总是得到他的帮助，而且效果很好，他因此在当地小有名气。后来，孙思邈隐居到太白山中，研究和实践养生长寿的方术。不久，他又隐居终南山，学道、炼气、养形，与名道研究道教的玄理。

唐太宗、高宗听说他的道行，多次召他到京城做官，他都拒绝了。孙思邈一生从来没有做过官，一直隐居在山林中，是当世公认的高人。他擅长阴阳、算命，又精通数学，并且亲自采制药物，救人于病痛，同时搜集了大量的民间药方、秘方，梳理了中国古医学用药的方法和针灸的经验，整理了以前的医学理论，写成著名的《千金方》。《千金方》具有浓厚的道教养生色彩，其中包括道教特殊的养生方法——服饵、食

关键词　修道　术　汇集　融合

孙真人煎药 版画

孙思邈为医学和药物学做出重要贡献，后世尊其为“药王”。他认为只要“良医导之以药石，救之以针剂”，“体形有可愈之疾，天地有可消之灾”。他重视医德，不分“贵贱贫富，长幼妍蚩，怨亲善友，华夷愚智”，皆一视同仁。

疗、导引、按摩。孙思邈以医道著称于世，也曾在峨眉山炼成过太一神精丹，震惊当时的社会。人们信服他的同时，对道教也产生了敬畏感，因而在他的影响下，许多人成为道教的信徒。因为他为中国的药物学做出了突出贡献，被尊称为“药王”。北宋时，又被追封为“妙应真人”。

孙思邈的医学临床经验，广泛搜集的药方对中国医学、药物学有着巨大的影响。他在行医的同时结合道教的玄理，积极促成了道教和医术的聚合。因此，他的成就是道与术结合的标志，具有里程碑的意义。

孙思邈在《千金要方》中第一次完整地提出了以脏腑寒热虚实为中心的杂病分类辨治法。

《列仙传·司马承祯像》明 王世贞辑次

司马承祯汲取儒家的正心诚意和佛教的止观、禅定学说，阐述道教修道成仙理论，认为“神仙亦人”。人的禀赋本有神仙之素质，只要“修我虚气”，“遂我自然”，与道相守，即可成仙。

司马承祯是唐代中期著名的道士，他从另一个角度促成了道教与术的汇聚。他曾经隐居在天台山玉霄峰，故号曰“天台白云子”。司马承祯本来出生于官宦世家，由于老师是嵩山道士潘师正，所以从小笃信道教，而没有做官的念头。他跟着潘师正勤学苦读，在潘师正的点拨下很快学会了《上清经》的法、符，以及导引、服饵等一些重要的口诀和方术，成为上清派第四代传主。司马承祯和当时有名的才子陈子昂、李白等人来往频繁，时人羡慕他们的才华，称之为“仙宗十友”。他喜欢到处游览名山，几乎游遍了天下所有的名山。

当时武则天当政，她听说司马承祯道行高深，且富有名望，便把他召到京城，听他说道，并且让他提出一些为帝、治理国家的政策和建议，又请教长生不老的方法。司马承祯一一做答，武则天既感激又钦佩，还亲自写文章赞美他的道行和为人。后来唐睿宗、唐玄宗都先后几次请司马承祯入宫，询问他关于政治和道法的问题。司马承祯阐述自己“无为”为本的政治理念，当时的统治者很信服他，便遵循“无为”，明修政理，这对当时唐朝政局的稳定起到了一定的积极作用。他的道教思想中糅合、吸收了儒学和佛教的因素，儒家的正心诚意和佛教的止观、神定学说等在他的书中随处可见。

在他的名著《坐忘论》中，提出了修道的七个阶次、五道渐门。他告诉教徒，修炼只要经过七个阶段，五道渐门，就可以成为神仙了。他的这些

修道七个“阶次”，信敬、断缘、收心、简事、真观、泰定、得道。

道教理论不仅修缮、丰富了道教的修道成仙理论，而且对后来北宋程朱理学的形成都有直接的影响。不仅如此，司马承祯在修道的同时，还兼修治世之学。因此在很多时候，他充当了最高统治者的政治顾问。他的术就是治世之术，他对于道教的贡献就在于把道教和治世之术结合起来，使道教“无为”而“有为”。

五代时期，道教出了一位传奇式的代表人物——陈抟，世间称之为扶摇子。他精通历史、佛学、医学、天文地理，很是博学，然而科举屡次失意。后来放弃仕途，四处访仙问道，足迹遍布中国的名山大川，视功名利禄为过眼烟云。他隐居在武当山的九室岩二十多年，服气辟谷，清静修道。后周世宗召陈抟进宫，他拒绝了，只是接受了赐号——“白云先生”。宋太宗两次召陈抟入宫，他只建议太宗皇帝，治国要任用贤臣，远离小人，减轻赋税，爱护兵士。宋太宗深深为陈抟的治国之说所折服，注意吸取前朝覆亡的教训，基本上采纳了陈抟的建议。这种理论也确实符合当时的现实环境，所以宋初社会稳定，经济繁荣，人民生活较为安乐。

陈抟非常博学，不仅在治世上有一套，而且精通道学，曾以《周易》的研究成果为基础作了一幅《无极图》，刻在华山的石壁上。陈抟的《无极图》是后世阴阳八卦道学理论的主要渊源，后来的周敦颐《太极图说》就是由他的《无极图》衍化而来的。纵观陈抟的道教思想，其实汇集了儒、释、道三家的学说，大大丰富了道教原有的理论体系。同时，他还发展了一套系统的内丹理论，为后来内丹派的形成起了关键的奠基作用。

北宋年间，道与术相结合的重任落到张继先的肩上。张继先9岁时就继承

陈抟的睡功

陈抟擅长于辟谷炼气的道术。他修炼的方式很特别，就是睡觉，即世人所说的“睡功”。据说他能一睡几个月，不饮不食。一次，有位慕名来访的后生向樵夫打听陈抟的下落。樵夫说，在半山的山神庙外横卧一具尸体，已经很多天了，可能就是他。后生跟着樵夫去寻找。在山神庙前，果然见到了一个被树叶半掩的人体。后生看他好像死了，便请樵夫帮忙挖个坑准备把尸体掩埋掉。后生觉得自己白跑了一趟，心里很难过，就伤心地大哭起来，正哭到伤心处，横卧于地的尸体竟活动起来。醒来的陈抟大喝道：“什么人跑到这里来哭哭啼啼，扰人清梦！”后生见状，惊叹不已。原来陈抟在练睡功，已经睡了几个月，根本没有死。

安史之乱后至五代十国占主流地位的道派是茅山宗。

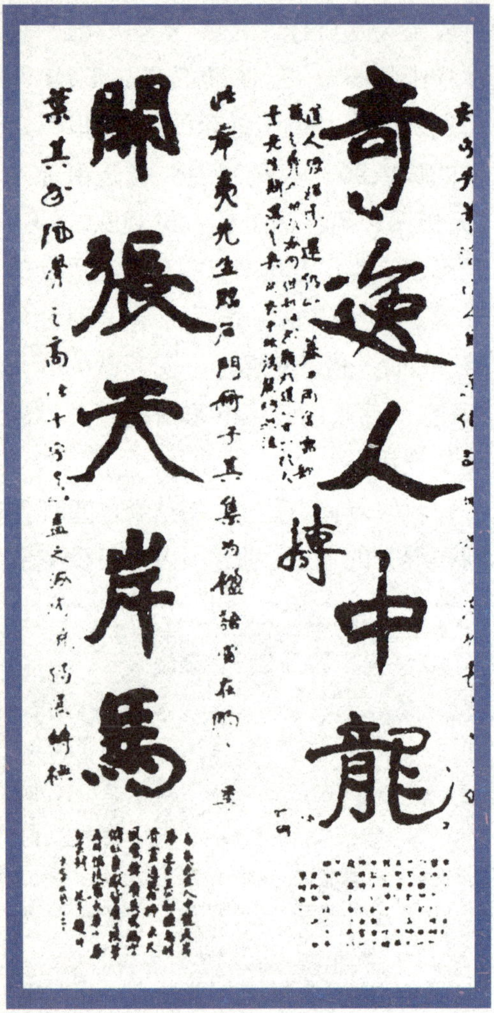

陈抟书法

相传陈抟常练睡功，能睡一百多天不起来，世人皆称其为“隐于睡”者，敬称“睡仙”。

了教位，是道教天师派的第三十代天师。他得到历史上著名的道君皇帝——宋徽宗的恩宠，先后四次被召到东京，并得到“虚靖先生”的封号。尽管徽宗对其恩宠有佳，他还是不止一次地表白自己的志向是在山野中清静自在地修道，屡次请求回到山林之中。最后，宋徽宗“赐归山林”，并亲自写下“静通庵”几个字送给他。带着这份莫大的荣耀，张继先回到久违的上清宫，从此立誓要做一个恬淡的道士，并且托付自己的弟子王道坚转告徽宗，要注意采取温和的政策，否则将自招灾祸。他兼修内外丹，写了《大道歌》、《心说》，对后世影响很大。

张继先的突出贡献在于重新解释道教修炼哲学，提出“心”是万法之宗，进而讨论心神、符法与无恶之间的辩证关系，认为只要守住“精气、元气、元神”三宝，就可以最终把握自身的元神，得道成仙，他称这个过程为“破妄”。可见，张继先把自己的哲学之术与道教的“大道”糅合到一起。

宋元时期，道教的主流是全真道，它在当时尤其是在北方可谓盛行一时。这时全真道尊奉的五位杰出祖师，号称北五祖，分别是东华帝君王玄甫、正阳帝君钟离权、纯阳帝君吕洞宾、海蟾帝君刘海蟾、重阳帝君王重阳。据记载，太上老君将全真道法传于金母，金母传于白云上真，白云上真传道于东华帝君王玄甫，而东华帝君王玄甫、正阳帝君钟离权、纯阳帝君吕洞宾、海蟾帝君刘海蟾、重阳帝君王重阳之间又都

陈抟著述众多，其所创《易龙图》、《先天图》、《无极图》开宋明理学之源。

张继先盐池收妖的传说

张继先，在幼年时就被称为真仙，9岁嗣位为天师，应诏来到京师时，年仅13岁。徽宗见到他后很是高兴。第二天，徽宗对他说：“解州盐池水太多了经常漫出来，使周边的民众遭遇水灾，所以特地召你来救治。”张继先受命之后，马上在铁简上画符。之后他让弟子祝永佑跟着太监同往解州，将符投入盐池岸边。过了一阵儿，晴空之中惊雷轰鸣，骤然间白昼变成了黑夜，等到天光重开，只见一条大蛇被斩死在水中。听了太监回来的报告，徽宗便问张继先：“你治死孽蛟，派遣的是哪位神将，能让朕见一见吗？”回答说：“臣所召的，便是关羽，马上就叫他来见驾。”

是师徒传承关系，全真的道法就这样被传承下来。

北方紧接着北五祖的是“北七真”，他们是全真道创始人王重阳的七位嫡传弟子，分别是马钰、谭处端、刘处玄、丘处机、王处一、郝大通、孙

华山下棋亭。传宋太祖赵匡胤曾在此与陈抟老祖下棋。在赵匡胤黄袍未加身前，陈抟约赵匡胤到华山下棋。当时，赵匡胤穷以华山为注，要与陈抟棋下见高低。二人到东峰下一孤岭排兵布阵，最后，赵匡胤输了棋，只好把华山恭让给陈抟，并立文约贴于南峰绝壁。待赵匡胤登基后，才知陈抟并非凡夫俗辈，只好认定华山从此不再是“王者之土”，留下了“华山自古不纳粮”一段佳话。

宋代嗣任天师均袭封“先生”号，这是当时道士中最高阶位的称号。

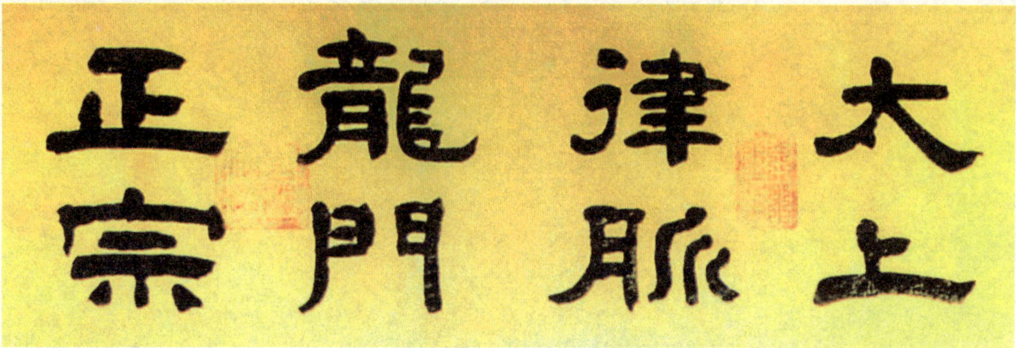

全真传戒法券

传戒：是全真派的隆重仪典。由精通戒律、德高望众的道士（传戒大师）向普通道士（戒子）传授戒律、讲解持守戒律的意义、演示持戒的仪轨。戒子经过戒坛的考察教育，名登真箓，从此依戒修行，以冀仙道。

不二。全真七子对全真道的传播和发展做出了重大贡献，因为他们的宗教活动主要分布在北方，所以叫“北七真”。北七真融合儒道佛三教，号召三教平等，三教团结；重视内丹的作用；认为修行者只有出家，断绝七情六欲，抛弃一切物质欲望才能得道成仙。北七真的思想深刻影响了道教的更新和转化，激发了道教徒对教义新的理解。因此，这一时期各地出现了新的全真道教派，如全真道遇仙派、全真道南无派、全真道随山派、全真道龙门派。同时，北七子都出身于书香门第，受过良好的教育，具有很高的文化素养。这使得他们在学道、修道、传道的过程中，留下了许多文字资料，大大丰富了道教著作。在他们的努力下全真道发展到极盛。

与此同时，与“北五祖”遥相呼应的是“南五祖”，即张伯端、石泰、薛式、陈楠、白玉蟾等五位南宗金丹派的祖师。他们大多在南方活动，据说张伯端修炼金液还丹诀，得道成仙后将金丹之道相继传给石泰，薛式、陈楠、白玉蟾。他们在修炼技法上继承钟离权、吕洞宾的内丹思想，不提倡出家，但强调修炼的环境。内丹修炼被他们引入斋醮活动中，南五祖推行的内丹理论对南方全真道有较大影响。他们的大批内丹专著，使得南宗金丹派在气功学、医学、人体科学等方面获得了空前的发展。

道教在其由小到大、由弱到强的发展过程，是一个不断吸收外界有效资源的过程，在道法内容上则是不断与其他的各种“术”相汇聚、融合的过程。期间，一些著名的高道直接充当了“道”与“术”的汇聚者，功不可没。

南宋道派以符箓派居多，以龙虎山、茅山、阁皂山所谓的“三山符箓”为中心。

道在常人日用间

——循道化术者

时　　间：元末明初到清朝中期

事　　件：循道化术

关键人物：张三丰、杜道坚、张宇初、王常月、刘一明

主要典籍：《大道论》、《玄机直讲》、《道德玄经原旨》、《玄经原旨发挥》

武当山遇真宫大殿

明太祖、明成祖曾先后下诏派使寻访张三丰，张三丰均避而不见。明成祖朱棣为纪念张三丰而修建遇真宫，内奉张三丰铜像。

道教发展到元、明、清时期，已经趋于成熟，并且渗透于人们日常生活的方方面面。宋元以前的“道术相合”这时逐步演变为“循道化术”，即从“道”演绎出“术”。

循道化术之大成者，首推元明之间的道士张三丰。他本名全一，又名君宝，号三丰。他极有学识，能够过目不忘，出口成章，而且为人性格洒脱，放荡不羁。张三丰其貌不扬，“龟形鹤背”，“大耳圆目”，但生来仙风道骨，“须髯如戟”，“寒暑一衲一蓑”，非同凡人。

张三丰曾做过县令，后来弃官出家修道，在终南山得遇火龙真人，从而得到炼神丹的秘诀。之后，张三丰又游历四方，至武当山，于是率领众弟子在此结草为庵，开始炼丹修道。但时过不久张三丰嘱咐自己的弟子守好香火，自己

关键词　循道化术　张三丰　三教合一　杜道坚　张宇初　王常月　中兴　刘明

三教混一图

离开了武当山。后来他寻访仙人的踪迹，云游至四川，期间又从道经中演绎出了太极拳法作为修道健身的方式。据说，张三丰武艺绝伦，曾在夜间以“单拳抵百贼”，而且能辟谷神行，死而复生。

张三丰一生行踪莫测，号称“隐仙”。到了明代，朱元璋派张宇初等人征询张三丰，明成祖夺得帝位以后也屡次遣使到处寻访他，却一直没能如愿。明英宗时，封张三丰为“通微显化真人”，宪宗、熹宗屡次对他进行加封。直到清朝，还有人说曾经碰到张三丰传道。武当山的宫观被历代皇室大修，张三丰在人们心目中的地位也随之越来越高。他的事迹被口口相传，越来越神奇。

张三丰主张三教合一，即“修己利人，其趋一也”。他认为学道、修道的人要追求道德圆满，这是为道的根本；其次要以金丹作为辅助手段，两者相结合，才能得道成仙。张三丰一生留下了很多宝贵的宗教著作。在这些著作中张三丰不仅从“大道”中演绎出太极拳法，还从中悟出前人未曾提及的道法观点，如“阴、阳、性、命”之道，大都集中在其所著的《大道论》、《玄机直讲》中。清朝时候，他的崇拜者李西月把这些宝贵遗墨汇编成册，纂成了《张三丰先生全集》，是中国道教历史上宝贵的文化遗产。

宋末元初的道士“南谷子”杜道坚，也是“循道化术”的大家，仅次于张三丰。传说，他14岁时碰到一个仙人，由此得

清代的道教

清代统治者是满族人，他们虽然对道教没什么信仰，了解也不多，但为了笼络汉人，也对全真道在北京的阐教活动给予大力的支持。同时由于当时道教和民间秘密宗教、秘密会社的关系十分密切，统治者又害怕道教会在人民群众当中建立广泛的信仰基础，从而引起新一轮民间反清暴动。于是清政府在扶持道教的同时对其严加防范，一再强调“不得惑乱愚民”。从乾隆起，随着政局的逐步稳定，清政府对道教活动的限制更为严格，将正一道的组织发展限制在龙虎山，将正一真人的官职下调。道教的地位不断下降，甚至完全失去统治者的支持，只保留了在民间的影响力。

道家重视道德修养的目的，是为了让个体忘记道德，进而达到自由的形而上的境界。

到真传。仙人在临行前还亲自授他仙书，杜道坚颇有悟性，很快就领悟了仙书中的玄妙。此后不久，他一心向道，最后决定离开尘世，奔赴石山向一位得道的高人耿先生学习道法。道法有所长进后，杜道坚又前去茅山研究《道藏》。茅山的宗师蒋宗瑛见其向道之心和悟性俱佳，于是亲自传授给他绝密的茅山经法。

杜道坚苦修多年之后道行高深，名声远扬。当时的宋度宗曾数次召见他，并在朝堂上赐他道号“辅教大师”，一时间轰动朝野。那时的南宋王朝岌岌可危，蒙古骑兵一路南下，烧杀淫掠，生灵涂炭。杜道坚冒险前去叩见当时元军最高首领太傅伯颜，请求元军南下途中不要再滥杀无辜。伯颜早就知道杜道坚的大名，非常仰慕和敬重他，听罢此言遂下令不许士卒劫掠滥杀。后来杜道坚和伯颜一起进入大都，拜见了元世祖忽必烈。在谈论国事期间，不免涉及道法，世祖为杜道坚的道行所折服，就让杜道坚专门管辖道教。

元朝时杭州宗阳宫的住持就是杜道坚。他精通玄理之学，写下许多著名的经典，如《道德玄经原旨》、《玄经原旨发挥》等。他的这些著作，多是对《老子》的发挥，正如杜道坚自己所说的“道德五千余言，包罗天地，玄同造化，君臣民物，罔不赅备。”既然老圣之言无所不包，所以“上下几千百代，历历可推”。由此可见，杜道坚十分重视从道经中演绎出符合时代要求的理论和思想。因此，他成了“循道化术”者的典型代表。不仅以当时道行高深闻名于世，他还注意保护广大底层劳动人民的利益，经常利用自己的地位和声望，向统治者提出适合汉民族修养生息的政策。很明显，这就是从“无为”脱胎而来的。

到了明代，道教正一派第四十三代天师张宇初主张循大道之根本，博采众家之术。在他的《道门十规》中说：“虽有道经三宝之分，而始自太上授道德五千言于关尹。”说明他大道之根本在于老子的《道德经》。他还指出：“金石草

明朝道教的主要教派		
教派	创始人	主要事迹
正一派	张天师	受朝廷敕封，是明朝最盛的道教派系。
武当派	张三丰	明太祖、成祖多次派人寻找张三丰的行踪，皆不遇。成祖即位后，声称自己受真武大帝的护佑，故大规模修建筑武当山宫观，武当派因此成为明朝道教的主要支派。
丹法派	陆西星	原以烧炼丹药为主，到陆西星时，发展了男女同修的阴阳丹法，以炼就内丹。这种修炼法很合晚明士大夫的纵欲心理，受到欢迎。

知识点击

明代的道教

明太祖朱元璋，企图运用道教来神化自己的政权，于是对当时实力强大的正一道派优礼相待。同时他也没有忘记加强对道教的管理，地方上设有道纪司、道正司、道会司，这些道教管理机构由德高望重的道士担任。明朝初年，政府需要道教来提高自己的声望，普及自己的政策，因此大力推动了道教的发展。明成祖时，继续尊崇正一道，在武当山大建宫观，使武当道迅速兴旺起来。明世宗则喜爱道教斋醮，尤其对道教建醮时所奏的青词非常钟爱，甚至以此作为标准来提拔官员，以至于出现了所谓的青词宰相。同时世宗又迷信道教的各种丹药和方术，希望以此长生不老。他宠信道士，对进丹药方术的人封官晋爵。明世宗后，道教逐渐失去政治上的依靠。明穆宗时，甚至对道教予以抑制，盛极一时的天师道趋于衰落。

术徒杀身取祸”的方术和“寇杜葛陆之徒”所倡导的“祷祈祠祝之事”，实际上“去太上立教之本、虚无清静、无为不言之妙，日远矣”。在循大道之本的同时，张宇初又主张积极吸收众家之术。譬如说，他讲到超度亡魂时，有时搬用佛教的涅槃学说；他提倡方术修炼时，注意斋醮的规范，也主张学习内丹，写了大量炼内丹的诗文，倡导以内丹为本。在他的著述之中有时还渗透着儒家的思想，如“不为富贵所骄，要以慈俭自守”等。总之，张宇初博采众家之长术为道教所用，甚至一度认为三教同源，“元始道之元神也，宝珠即心也，儒曰太极、释曰圆觉，盖一理也。”张宇初的这些思想极大地增强了道教的生命力，同时为道教内部各派的融合奠定了基础，推动了道教的发展。

道教在清代，出现了有“中兴之祖”之称的王常月，其主要功绩在于“化”大道修炼之术。王常月的修炼之术，继承了全真道派“先性后命”的修炼思想，强调按皈依三宝、忏悔罪业、断除障碍、舍绝爱缘、戒形精严、忍辱降心、清净身心、求师问道的顺序依次修行。他的另一贡献是阐明了困扰修行者的一个重要问题——肉身的存亡，他说“所说延生，不是祛病延年，长生不死乃是万动不坏真性，亘古长有之法身”，又说“如来亦有灭度之时，老聃亦有飞升之日”。后来，王常月又对“长生不死”的思想进一步说明：“谁曾不死，那见长生，不死者，岂是凡身，长生者，非关秽质”，“色身纵留千年，止名为妖，不名为道。法身去来常在，朝闻道夕死可矣”，“不死者我之法身，

明代道教以明世宗为界划分为前后两时期，前期尚能得到统治者扶持，后期则走向衰微。

长生者吾之元气”。他的这些说法为道教各派修行者解除了心中困惑，使其向道之心更为坚定。在王常月的努力下，全真道龙门派达到了极盛。

清代的内丹家刘一明（号“悟元子”）也属于全真道龙门派。刘一明19岁时，开始云游神州大地，四处访道，三年后得遇龛谷老人。在老人的悉心教诲之下，他对道法的理解达到了相当高的层次。刘一明对大道的深悟从《易》开始，在他看来“《易》非卜筮炼度之书，实皆穷理尽性至命之学”。他将内丹法与“易”学结合，“丹道即易道，圣道即仙道”。在阐发内丹学时，刘一明与王常月不同，他强调“先命后性”，性命双修，“若欲成道，非性命双修不可”。他在内丹修炼领域造诣颇深，著有《修真九要》，“九要”大致有勘破世事、积德修行、炼己筑基、和合阴阳、审明火候、外药了命、内药了性等项。刘一明还把丹法分为上、中、下三等；把药物分为内外药，内药生于自身为元性，外药生于虚空中真一之气为元命。至此，内丹之术趋于完善。在刘一明的丹学中，三教合一的思想也非常明显，在其《指南针序》一书中就有“在儒谓之中庸，在释为之一乘，在道谓之金丹”之说。龙门派的另一位高道闵一得（号“懒云子”），在主持金盖山的教务时，也大力主张三教合一，甚至明确标榜“三教同修”，要求道教的门徒融合儒家读书穷理的精神，吸收佛教徒参禅悟道，见性明心的学习方式，以促进大道的修成。这一时期的全真道龙门派在“王常月中兴”的基础上，又得闵一得的大力推动，达到了鼎盛。

通观道教的发展历程，进入元、明、清三朝以后，传统的道教日臻完善。擅长于“循道化术”的高道大家，开始对道教进行总结、发挥，致使道教与其他宗教（如佛教、儒教等）进一步融合，朝着新的时代迈进。

清初白云观王常月方丈像

清顺治十二年（1655年），王常月从隐居的嵩山北上京师，挂单于灵佑宫，后被聘为龙门祖庭白云观方丈，开始其传教活动。

王常月所传戒法分为三等，即“初真戒”、“中极戒”、“天仙戒”，称为“三堂大戒”。

通时致用、内圣外王

——承上启下的近现代高道

时　　间：清朝中期到当代
事　　件：道教的衰落及再发展
关键人物：陈撄宁、易心莹
主要典籍：《解道生旨》、《道教起源》

传统的道教自清朝中期以后逐渐衰落，一时间，传统的道教无论是在道法理论、修炼方术还是斋醮科仪方面，都无法有新的突破，陷入了难以自拔的泥潭。此时，道教中一些富于开拓进取精神的高道，开始探索道教新的发展道路。这一时期出现的道教代表人物有陈撄宁、易心莹、岳崇岱、张恩溥等，他们在历史关头，承上启下，把传统的旧道教过渡到现代通时致用的新道教。

陈撄宁，道号“圆顿子”，是全真道龙门派的第十九代居士，他潜心于道教及养生学的研究。从1912年到1915年，他花了整整3年时间通读《正统道藏》5000卷，又花了大量的时间去阅读养生、天文、哲学、医学、佛学等方面的专著，对养生之学尤为精通。除此之外，陈撄宁还遍访名师，在其自传中谈到：“作正式导师，前后共有五位：北派两位，南派一位，隐仙派一位，儒家一位。…… 若论到龙门派，仆算是十九圆字派”。显而易见，他的炼养技法和学问也是集百家之长。

1933年至1937年，他在上海行医期间，主编了《扬善半月刊》（后改名《仙道月报》）倡导仙学，宣传普及仙学知识，并且与张竹铭等人合办了中国第一所“仙学院”，讲授《孙不二女功内丹次第诗》、《周易参同契》、《黄庭经》、《灵源大道歌》、《悟真篇》等仙学理论。

晚年的陈撄宁以身作则，积极推行“静功疗养法”，特地到杭州屏风山讲解该法，并著成《神经衰弱静功疗养法问答》。这是一本很实用的养生小册子，按照该书进行静功疗养对健康确实非常有益。陈撄宁先生生于新旧交替的特殊时代，为挽救传统的道教精神和开创新的道教理念作出了杰出贡献。

当代著名道教学者易心莹（1896～1976），幼年时身体虚弱，听说道教可以强身保国，遂一心向道。17岁时，他离开了家庭，在青城山天师洞皈依道教，拜老道长魏甚龄为师。后来奉

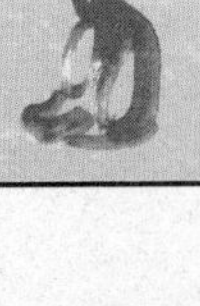

关键词　民间　陈撄宁　转型

彭椿仙大师之命投到朝阳庵吴君可门下读书兼修道。1926年后，易心莹道长专门从事道教的学术研究。

新中国成立后，他做了青城山天师洞住持，率道徒们从事农业生产，曾参加筹建中国道教协会。在治学上，易心莹推崇老君之道，主张修道要遵守戒律、态度恭敬。他的思想是正统的道教思想。他整理和保存了很多珍贵的道教经典著作，如《正统道藏》、《太平御览》、《道藏辑要》等。

转折时期的著名道教人士还有岳崇岱（道号东樵子），他是全真道龙门派正宗第二十六代法嗣。岳崇岱出身农民，曾经一边种田一边读书。1912年他在辽宁医巫闾山圣清宫出家，他访过许多名山宫观，到那里挂单修道，云游两年后回到圣清宫，带领道众从事农业。

岳崇岱对道教思想最大的发挥是反对不耕作、不劳动单纯的学道修道，他要求道众自食其力。在他的率先垂范之下，太清宫几乎所有的道士都参与农业劳动，共同耕耘达14年之久。他重视戒条，主张人们加强道德的修养，一再强调道教的民族性，表现了当代道教徒的爱国赤诚。他的道教史观，少有迷信和信仰的色彩，更多的是学术的色彩。岳崇岱继承了道家老子学说，但不把道教教义和迷信思想纠缠在一起。他认为道教起源于中国古代的民间信仰，主张以冷峻的历史眼光和客观公正的态度对待道教的过去、现在和将来。他的修道、为人，代表了新时代道教人士坦荡而诚恳的风范。

新中国成立后，岳崇岱长期担任太清宫的方丈。1956年他参与筹建了中国道教协会，并出任第一任会长。

近代以来，传统的道教失去了原有的政治靠山，同时又受到各种新思潮的冲击，曾一度陷入绝境。但在这些承上启下的高道齐心努力下，道教顺应了时代潮流，完成了向现代宗教的转型，走上了新的发展道路。

青城山

道教四大名山之一，唐代高道杜光庭曾在此处白云溪隐居、修炼。

从明代中叶以后，道教渐渐失宠于封建上层，却因此更大程度地贴近社会。